国家开放大学
THE OPEN UNIVERSITY OF CHINA

劳动关系案例分析

汪继红　等编

中央广播电视大学出版社 · 北京

图书在版编目（CIP）数据

劳动关系案例分析/汪继红等编. —北京：中央广播电视大学出版社，2014.7

ISBN 978 - 7 - 304 - 06612 - 3

Ⅰ. ①劳…　Ⅱ. ①汪…　Ⅲ. ①劳动关系—案例—开放大学—教材　Ⅳ. ①F246

中国版本图书馆 CIP 数据核字（2014）第 138677 号

劳动关系案例分析

LAODONG GUANXI ANLI FENXI

汪继红　等编

出版·发行：中央广播电视大学出版社

电话：营销中心 010 - 66490011　　总编室 010 - 68182524

网址：http：//www. crtvup. com. cn

地址：北京市海淀区西四环中路 45 号　　**邮编**：100039

经销：新华书店北京发行所

策划编辑：张　暾　　**版式设计**　赵　洋

责任编辑：庄　颖　　**责任校对**：张　娜

责任印制：赵联生

印刷：北京宏伟双华印刷有限公司　　**印数**：0001 ~ 3000

版本：2014 年 7 月第 1 版　　2014 年 7 月第 1 次印刷

开本：B5　　**印张**：12. 25　　**字数**：212 千字

书号：ISBN 978 - 7 - 304 - 06612 - 3

定价：19. 00 元

前 言

PREFACE|劳动关系案例分析|

劳动关系是维系人类社会存在与发展最基础、最广泛、最核心的社会关系。劳动关系对于构建和谐社会具有基础性、决定性、标志性的作用。发展和谐劳动关系，是促进社会经济发展、维护社会稳定的必然要求，是建设和谐社会亟须解决的重大政治和社会问题。2005 年中国劳动关系学院率先开设劳动关系本科专业，2007 年国家新增劳动关系协调员（师）职业，2008 年出台实施劳动关系协调员国家职业标准（试行）。上述举措，在不断满足社会对劳动关系管理人才需求的同时，也对劳动关系管理人才的职业化与专业化提出了更高要求。

《劳动关系案例分析》教材，以我国现行有关劳动法律法规为依据，以劳动关系协调员国家职业标准为基准，针对劳动关系专业课程教学的实际需要，遴选劳动关系协调员工作中经常遇到的热点和难点问题，汇编成近百个具有普适性意义的典型案例并进行深度解析。每个案例侧重一个知识点，采用理论提示和解题点拨等形式，便于学生或读者以案例为镜，通过类比学习，正确理解和熟练掌握劳动关系管理的理论知识与操作实务。

本教材具有较强的政策性、规范性和实用性，可以作为劳动关系专业、劳动与社会保障专业、行政管理专业、社会学专业、社会工作专业及其他公共管理类专业教材用书，也可以作为劳动关系协调员（师）职业资格考试培训用书。

第一，政策性。劳动关系管理是一项政策性、法规性极强的工作，无论是劳动关系管理知识的宣传、普及，还是劳动关系管理实际工作的处理，都必须以有关劳动法律法规为准绳。因此，本教材每个案例及其分析都首先设置理论提示板块，突出与知识点相关的劳动法律法规具体内容，强调政策与案例的双向契合。

第二，规范性。本教材遴选的案例都具有较强的典型性与规范性。近百个可以单独阅读的案例均取自现实社会的鲜活事例，不仅真实生动，而且每个案例的长度与难度与劳动关系协调员（师）职业资格考试中的案例分析题高度吻合。通过规范性的案例分析教学，学生或读者不必死记硬背相关劳动法律法规的冗长条款，也不必为解答案例分析试题而伤神烦恼，就能达到举一反三、触类旁通的效果。

第三，实用性。本教材打破了传统教材的编写模式，针对学生或读者胜任未来工作以及从事现实工作的需要，采用通俗易懂的语言，对典型案例进行深入浅出的剖析和点拨。不仅阐述了为什么会发生这种事例、发生这种事例会产生什么后果、法律对这种事例是如何规定的，更阐明了遇到这种事例应该如何处理。既方便自学，同时又具有启发性。现实生活中如果遇到类似情形，可以参照本教材进行协调和处理。

《劳动关系案例分析》教材共七章：第一章劳动关系概述；第二章劳动关系确立；第三章劳动关系运行；第四章劳动争议处理；第五章劳动保障监察；第六章企业劳动规章制度；第七章和谐劳动关系构建。为保证教材理论体系的完整性，第一章和第七章的第一节只以知识点和理论提示的方式，简要介绍了劳动关系的基本概念、劳动关系的历史发展以及我国和谐劳动关系理论建设的基本情况。第二章至第六章，则以劳动关系管理业务流程为逻辑链条，采用若干个典型案例来解析劳动关系从确立、运行到劳动争议处理、劳动保障监察以及劳动规章制度建设等方面的普遍性问题。鉴于第七章第二节是介绍我国和谐劳动关系实践探索的现实状况，故而保留知识点、典型案例、理论提示等叙述方式，而将解题点拨留给作者去自行探索。

教材由福建广播电视大学汪继红教授组织编写，福建广播电视大学郭淑贞老师、刘志平老师，福建省人力资源与社会保障厅刘丹美处长和池素良研究员参与了教材编写工作。福州大成律师事务所郑振锋律师、福建广播电视大学新人源职业培训学校、福建师范大学劳动与社会保障专业硕士研究生前期做了大量的资料收集、整理工作。汪继红担任本书主编。各章编写具体分工为：第一章、第二章、第三章：郭淑贞；第四章：刘丹美；第五章：刘志平；第六章：池素良、汪继红；第七章：汪继红。全书由汪继红统稿。福建广播电视大学李正光教授、中央广播电视大学出版社责任编辑庄颖为本书的写作和出版给予了鼎力支持，在此深表感谢！

教材编写过程中参考、引用了大量劳动关系案例和相关资料，在此我谨代表教材全体编写人员表示深深的谢意。由于编写者水平所限，教材难免存在不妥甚至错误之处，恳请专家、读者不吝赐教，给予批评指正。

汪继红

2014 年 5 月

目 录

CONTENTS | 劳动关系案例分析 |

第一章　劳动关系概述

导　读

劳动关系是劳动者与劳动力使用者及相关的组织为实现劳动的过程所构成的社会经济关系，其和谐程度不仅直接影响企业和劳动者个人利益目标的实现，而且关系到整个国家的经济发展和社会稳定。因而，深入分析劳动关系的内涵及主体等基本问题，是学习劳动关系的必要前提和理论基础。在本章的阅读里，您可以了解以下要点：

1. 劳动关系，是指劳动者与劳动力使用者以及相关组织为实现劳动过程所构成的社会经济关系。从狭义上看，劳动关系的主体包括劳动者及其组织（工会、职工代表大会）和用人单位（企业）及其组织（企业联合会）。广义上，在定义劳动关系主体时，也把政府包括在内。

2. 劳动关系本质上是一种经济关系，具有明显的从属性，其主要内容为劳动者和用人单位的权利义务；冲突和协作是劳动关系运行的两种基本形式；工会作用的发挥、政府劳工政策的制定与执行是实现劳资合作的两大基本条件。

3. 根据不同的标准，可以将劳动关系分成不同的类别。传统的劳动关系划分方法是将劳动关系划分为利益冲突型、利益协调型、利益一体型。劳动关系的存在和发展，不仅依赖于用人单位组织内部的矛盾运行，同时也会受到诸多外部因素的影响和制约，这些都可以称之为劳动关系的环境因素，主要包括政治法律环境、经济环境、社会文化环境和国际环境等。

4. 劳动关系研究发端于西方，协调劳动关系的机制也随着资本主义的形成和发展不断地延续、发展。西方发达国家的劳动关系经历了从资本占绝对优势、劳动关系双方力量悬殊到力量相对趋于平衡，从冲突对抗到谈判对话、谋求合作共赢的发展历程。我国劳动关系经历了从计划经济向市场经济的转型，并在经济全球化的影响下呈现出新的发展趋势。

学习目标

1. 了解　劳动关系的基本内容；西方发达国家劳动关系的实践与理论发展。

2. 理解　劳动关系的表现形式及影响环境；我国劳动关系的发展历程及趋势。

3. 掌握　劳动关系的基本概念、劳动关系的主体与基本内容。

第一节　劳动关系的基本概念

➢ 知识点 1－1－1　劳动关系的概念

劳动关系，也称劳资关系、雇佣关系、雇员关系、劳工关系、劳务关系、产业关系，是指劳动者与劳动力使用者以及相关组织为实现劳动过程所构成的社会经济关系。① 从法律的角度来说，劳动关系指的是用人单位（机关、企事业单位、社会团体和个体经济组织）与劳动者之间，依法签订劳动合同，劳动者接受用人单位管理、从事用人单位安排的工作、从用人单位领取报酬和受劳动保护所产生的法律关系。

理论提示

劳动关系和人力资源管理都是对工作、用人单位与劳动者关系的研究。现实中，人们常常不明白二者之间的关系。实际上，劳动关系与人力资源管理二者有很多相通的地方，都包含了用人单位（雇主）、劳动者（员工）和社会三种视角，只是侧重点不同。劳动关系的价值出发点是客观中立的，而人力资源管理主要从用人单位角度出发寻找解决方案，维护企业利益是其价值出发点。② 一般认为二者存在以下不同：①解决劳动问题，劳动关系强调劳资双方，人力资源管理强调用人单位。②看待雇佣问题，劳动关系主要采用外部视角，人力资源管理采用内部视角。③目标指向，劳动关系把组织效益/效率与

---

① 常凯：《劳动关系学》，9 页，北京，中国劳动社会保障出版社，2005。

② 唐鑛：《战略劳动关系管理理论与实务》，4～5 页，北京，中国人事出版社，2010。

员工结合起来，人力资源管理的主要目标是组织的效益/效率。④在对用人单位和劳动者之间的关系的认识上，劳动关系主要考虑二者之间冲突问题的解决；人力资源管理则集中于用人单位与劳动者之间建立一个利益共同体。⑤在对冲突的看法上，劳动关系认为冲突是不可避免，需要第三方干涉的；人力资源管理认为可以通过管理减少冲突，冲突是可以避免的。⑥在对工会和政府的态度上，劳动关系认为工会和政府立法可以有效地辅助管理；人力资源管理则认为工会和政府指示偶尔需要，经常发挥则会对管理造成限制。

➢ 知识点 1－1－2 劳动关系的主体

劳动关系的主体指的是劳动关系系统的参加者，有人将其称为劳动关系的当事人。从狭义上讲，劳动关系的主体包括劳动者及其组织（工会、职工代表大会）和用人单位（企业）及其组织（企业联合会）。现代社会中，各国政府或多或少都在不同程度上干预着劳动关系，所以，在定义劳动关系主体时，广义上也把政府包括在内，如图 1－1 所示。

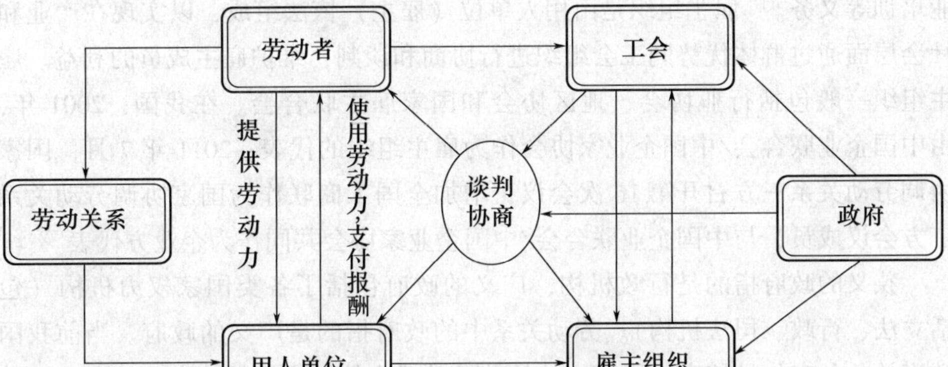

图 1－1 各劳动关系主体间的关系图[①]

理论提示

一般认为以工资收入为主要来源的为劳动者，包括体力劳动者和脑力劳动者，但不包括自由职业者和农民。《中华人民共和国劳动法》（简称《劳动法》）第 3 条规定："劳动者享有平等就业和选择职业的权利、取得劳动报酬

① 董福荣：《劳动关系》，8 页，大连，东北财经大学出版社，2009。

的权利、休息休假的权利、获得劳动安全卫生保护的权利、接受职业技能培训的权利、享受社会保险和福利的权利、提请劳动争议处理的权利以及法律规定的其他劳动权利。”劳动者组织是指因共同利益和共同目标而组成的企业职工团体，在我国，工会、职工代表大会是劳动者组织的主要形式。《中华人民共和国工会法》（简称《工会法》）第6条规定：“维护职工合法权益是工会的基本职责。工会在维护全国人民总体利益的同时，代表和维护职工的合法权益。”《工会法》同时还对工会的组织、工会的权利义务、基层工会组织、工会的经费和财产、违法责任等进行了具体规定。

用人单位指的是雇佣使用劳动者的单位或个人。根据《中华人民共和国劳动合同法》（简称《劳动合同法》），用人单位包括中华人民共和国境内的企业、个体经济组织、民办非企业单位等组织，同时还包括实行与劳动者建立劳动关系的国家机关、事业单位、社会团体。从理论和实践上看，用人单位享有劳动指挥权、奖惩权、人事权等，同时必须履行平等雇佣劳动者、提供劳动报酬、保证劳动者休息休假权、缴纳社会保险、保证劳动者安全和健康、提供职业培训等义务。[①] 雇主组织是由用人单位（雇主）依法组成，以实现在产业和社会层面通过群体优势同工会组织进行协商和谈判，维护雇主成员的利益。雇主组织一般包括行业协会、地区协会和国家雇主联合会。在我国，2001 年，由中国企业联合会/中国企业家协会作为雇主组织的代表；2011 年 7 月，国家协调劳动关系三方召开第16 次会议，增加全国工商联作为国家协调劳动关系三方会议成员，与中国企业联合会/中国企业家协会共同作为企业方代表。[②]

狭义的政府指的是行政机构，广义的政府包括了各类国家权力机构（包括立法、行政、司法机构）。劳动关系中的政府指的是广义的政府。当前我国政府的角色定位是培育、提高、扶植劳动关系主体的主体性、独立性；用劳动政策法规明确界定、维护主体各方的权利和利益；建立、健全保障劳动关系主体的谈判机制和劳动争议的调节机制；深化经济、政治、社会体制的改革，为劳动关系的发展创造良好的社会环境。

➢ 知识点 1-1-3　劳动关系的基本特征

在劳动关系运行过程中，劳动者向用人单位让渡自己的劳动力，用人单位

---

① 陈维政、李贵卿、毛晓燕：《劳动关系管理》，12～13 页，北京，科学出版社，2010。

② 杨志明：《劳动关系》，6 页，北京，中国劳动社会保障出版社，2012。

向劳动者支付劳动报酬。从这个角度来说，劳动关系的本质是一种经济利益关系。但在实际的运行中，劳动关系还涉及社会、政治等领域，因而它还是一种复杂的社会关系。具体而言，劳动关系的特征表现为以下几点：①劳动的从属性；②劳动关系的主要内容为劳动者和用人单位的权利义务；③冲突和协作是劳动关系运行的两种基本形式；④工会作用的发挥、政府的劳工政策的制定与执行是实现劳资合作的两个基本条件。

理论提示

尽管在劳动力市场上，劳动关系双方都是自主的独立主体，劳动力的市场交换关系是一种平等经济关系，但这是一种在平等的形式掩盖下的实际不平等关系。[①] 原因在于，当今社会资本较为稀缺，在劳动力市场中占据优势地位；同时，劳动者在工作过程中让渡了自己的劳动力，需要听从用人单位的管理和安排。

劳动关系的运行是在劳动的过程中实现的，而劳动关系所涉及的内容主要是就业规则、工资报酬、劳动时间、职业安全等劳动标准，以及企业规章制度、员工管理、劳动争议处理等管理规则。[②] 这些内容可以总结归纳为劳动者和用人单位双方的权利义务。

在劳动关系中，劳动者和用人单位双方都希望能实现自身利益最大化，对方能履行对自己应尽的义务。例如：劳动者希望能有更高的工资、更完善的福利、更好的发展前景；用人单位则希望能够降低用工成本、提高工作效率等。双方的权利、义务的不一致，会引起矛盾和冲突，但双方之间也存在因为有效合作而获得的共同利益。例如，用人单位在工作过程中对劳动者进行知识、能力等的培训，也能收获劳动者的认同感和归属感。所以劳动关系是劳动者与用人单位合作与冲突的统一。

劳资合作目标实现的基本条件有两个：其一是工人通过团结的手段形成有组织的力量，以达到劳资力量对比的相对平衡；其二是政府通过积极的劳工政策，来协调劳动关系，以实现劳动关系的协调稳定。

➢ 知识点 1-1-4 劳动关系的类型

根据不同的标准，可以将劳动关系分成不同的类别。具体而言，根据劳动

① 常凯：《劳动关系学》，10页，北京，中国劳动社会保障出版社，2005。

② 常凯：《劳动关系学》，10页，北京，中国劳动社会保障出版社，2005。

关系双方利益关系的性质和处理原则划分，可以将劳动关系划分为利益冲突型、利益协调型、利益一体型；根据劳资双方的力量对比划分，可以分成均势型、倾斜型、政府援助型和政府主导型劳动关系；根据不同的经济体制划分，劳动关系有计划经济体制下的劳动关系和市场经济体制下的劳动关系；根据所涉及的范围和主体划分，劳动关系包括个别劳动关系、集体劳动关系和社会劳动关系三种。具体如表 1－1 所示。

表 1－1　划分劳动关系的主要标准及类型①

划分标准	划分的类型
劳动关系双方利益关系的性质和处理原则	利益冲突型劳动关系
	利益协调型劳动关系
	利益一体型劳动关系
劳资双方的力量对比	均势型劳动关系
	倾斜型劳动关系
	政府援助型劳动关系
	政府主导型劳动关系
不同的经济体制	计划经济体制下的劳动关系
	市场经济体制下的劳动关系
所涉及的范围和主体	个别劳动关系
	集体劳动关系
	社会劳动关系

理论提示

将劳动关系划分为利益冲突型、利益协调型、利益一体型是传统的劳动关系划分方法。

一般情况下将第二次世界大战前的西方国家和当代英国的劳动关系归纳为利益冲突型，因为劳动关系中劳动者处于弱势地位，劳动关系双方在工资等劳动条件上存在经济对立，所以该类型下的劳动关系双方始终存在根本的利益冲突，其利益的调整途径主要是建立灵活的控制结果，如“科学管理”等方式。

① 董福荣：《劳动关系》，8 页，大连，东北财经大学出版社，2009。

第二次世界大战后的西方大多数国家和当代德国是利益协调型劳动关系的代表，具体而言，这种类型下的劳动关系运行中接受劳动者与雇主存在的矛盾，并且二者之间的矛盾是可以通过集体协商或集体交涉来保障各方权益、平衡各方利益并实现共同利益的，如加拿大等国的工作分享计划。

亚洲一些国家，如日本、新加坡及计划经济国家属于利益协调一体型，具体表现为劳动关系双方利益一体化，职工利益包容在企业利益中，二者之间的利益是一种摩擦，而不是实质性的利益冲突，如日本的终身雇佣制。

➢ 知识点 1-1-5 劳动关系的环境

劳动关系的存在和发展，不仅受用人单位组织内部的矛盾运行的制约，同时也会受到诸多外部因素的影响和制约，这些影响因素都可以称之为劳动关系的环境。具体而言，劳动关系的环境指的是劳动关系作为社会系统中的一个子系统所处的具体的社会条件和社会背景，一般包括政治法律环境、经济环境、社会文化环境和国际环境等。

理论提示

劳动关系的政治法律环境主要是指影响劳动关系的政府和法律等因素，一般包括所在国家的政治体制、政治治理、法律规制等。具体而言，政府作为劳动关系的“第三方”通过立法对劳动关系的影响主要表现在：①政府改变雇佣关系系统规则的权利和职权；②政府通过对公共部门内的组织和有潜在联系部门的控制，显示出他们所倾向的模式；③政府的社会和经济政策对劳动关系运行的一般环境的影响。①

劳动关系的经济环境包括劳动力市场、产品和服务市场以及经济结构等整体的宏观经济环境。其中所有制和分配的制度状况，是对劳动关系影响最为直接的经济因素，而劳动力市场状况，则直接决定了劳动关系的特点与状况。就目前中国而言，经济环境对劳动关系的影响主要表现为：劳动关系受经济全球化等的影响不断加深，信息与通信技术迅速发展，企业用工形式更加灵活，劳动关系的调整经常化，并跟随经济起伏出现波动性变化。

劳动关系运行发展中另一重要影响因素是社会文化环境，包括社会发展

① （英）菲利普·李维斯、阿德里安·桑希尔、马克·桑得斯：《雇员关系：解析雇佣关系》，28~29页，大连，东北财经大学出版社，2005。

的公平程度、社会阶层结构状况、社会文化状况、社会财富的分配和再分配、社会价值观念、人与人之间的等级关系等宏观社会文化环境；用人单位的企业文化等中观社会文化环境；工作场所中同事及上下级关系等工作群体文化层面上的微观社会文化环境。我国作为东方国家，“社稷为大”的生活观念与西方的“个人主义”的价值取向相差甚远。当前我国的劳动关系，就运行机制而言，在市场机制的总要求下，政府干预、人际关系和社会传统仍然会有相当的作用；就文化特色而言，在开始注重个人和群体价值实现的情况下，仍然以追求社会和谐一致为主要的文化价值标准。社会主义的传统和市场经济规则的相互结合、东西方历史文化的互相交融，将是中国劳动关系主要的文化特色。①

此外，国际环境也是劳动关系运行的重要背景和条件。特别是随着经济全球化的不断深化，国际环境对劳动关系运行的影响也越发深入。具体而言，国际环境除了通过上述经济环境进行影响外，各国的劳动立法、国际劳工标准、SA8000 社会责任管理体系（一种以保护劳工权利为主要内容的新兴的管理标准体系，其宗旨是使公司所制定的维持并执行的政策及程序，在公司可以控制和影响范围内符合有关社会责任的强烈要求）也影响劳动关系的运行和调整。其中，国际劳工标准是以确立和保障世界范围内的工人权利作为其核心宗旨，包括核心劳工标准、优先性劳工标准和一般性劳工标准。核心劳工标准主要包括劳动者的结社自由、废除强迫劳动、禁止童工劳动、消除就业与职业歧视四个方面。国际劳工标准在推动和指导世界各国的劳动立法上起了明显的作用，有助于促进各国对工人权利与利益的保障，工人劳动条件、生活条件的改善以及劳动关系的规范化。

拓展阅读

学习劳动关系，首先要对劳动关系的基本概念有相应的认识。详细内容请参考下列文献：

（1）常凯．劳动关系学．北京：中国劳动社会保障出版社，2005.

（2）董福荣．劳动关系．大连：东北财经大学出版社，2009.

（3）吴宏洛．转型期的和谐劳动关系．北京：社会科学文献出版

① 黑启明：《论影响劳动关系系统的社会文化环境因素》，载《兰州学刊》，2007（4），68～70页。

社，2007.
（4）杨志明. 劳动关系. 北京：中国劳动社会保障出版社，2012.

第二节　劳动关系的历史发展

劳动关系研究发端于西方，协调劳动关系的机制也随着资本主义的形成和发展不断地延续、发展。在劳动关系的演变过程中，因为每个时期的政治、经济和文化的不同而深深地打上了时代的烙印，也因为各个国家和地区的不平衡发展而呈现出不同的劳动关系特点和变化规律。本节将介绍西方国家劳资关系的实践及理论发展，重点介绍我国劳动关系的历史演进。

➢ 知识点 1－2－1　西方发达国家劳资关系的历史演进

产业革命以来，西方市场经济国家的劳资关系伴随着工业化、市场化和全球化的进程，发生了深刻的变化，其发展过程可以总结成四个阶段：①劳资关系演变的初始形态。从产业革命开始到 19 世纪下半叶，劳资关系的初始状态表现为激烈的劳资对抗和尖锐的阶级冲突。②工会运动的发展与劳资关系的调整。19 世纪下半叶至 20 世纪初，伴随着西方市场经济国家由自由竞争向垄断过渡，政府对劳资关系的调整也开始从自由放任转向国家干预，而工会组织和工会运动蓬勃发展，集体谈判制度开始确立。③两次世界大战间的劳资关系过渡期。20 世纪初至 20 世纪 90 年代，西方各国历经第二次世界大战、经济危机、经济复苏等阶段，劳资关系虽时而紧张，但总体趋向合作，三方谈判机制、立法体系、社会福利体系逐渐完善，劳资关系日益制度化、法制化。④当代劳资关系的发展。20 世纪 90 时代以来，随着知识经济和全球化的到来，劳资关系一方面出现合作倾向，另一方面资本全球化也带来了巨大挑战。

理论提示

从产业革命到 19 世纪上半叶，资本主义的发展处在自由竞争时期，国家对劳资关系调整采取自由放任政策。这一时期的劳资矛盾主要表现为尖锐的阶级对抗和激烈的阶级冲突。这一时期的劳资关系呈现出以下特点：①劳资矛盾主要集中在基本劳动条件的改善；②劳动运动总体上处于分散、个别和局部的状态；③劳资双方的关系呈现的是“强资方、弱劳方”的局面，劳资矛盾以激烈对抗和冲突的方式表现；④政府对劳资关系采取自由放任的态度，但在立法和政策上偏向雇主一方。

19 世纪下半叶至 20 世纪初，西方市场经济国家由自由竞争向垄断过渡，这一时期劳资关系的特点是：①劳资矛盾依然存在，但激烈程度和表现方式有所变化，集体谈判制度也成为解决劳资矛盾的有效途径；②由于工人罢工斗争的发展、工会组织的广泛建立及社会主义运动的出现，劳方的力量逐渐增大；③政府开始对劳资关系进行国家干预，大量劳工立法的出现以及相应劳动行政管理机构的建立，使劳资关系的调整开始朝有序化、法制化方向迈进。

两次世界大战间的劳资关系处于一个过渡期，从初期的国家干预向下一阶段全面进入制度化、法制化过渡。[①] 这一阶段劳资关系的特点是：①劳资关系领域受战争、危机和革命的影响巨大；②国家的劳动行政管理工作获得了空前的发展，成为政府宏观调节劳资关系的主要手段；③工业民主化、集体谈判制度和三方制的出现，使协调劳资关系的方式更加丰富、内容更加宽泛。

第二次世界大战后，在第三次科技革命和社会改革浪潮的推动下，劳资关系发生了重大的转折性变化。劳资关系协调体制从法律规范到制度机制都日趋健全和完善，劳资关系的总态势是缓和中有对抗，对抗中求合作、求制衡，并呈现出以下四个方面的特征：①社会劳动问题仍是劳资关系的焦点，此外，争取广泛的民主参与权也成为劳资关系中非常重要的内容；②劳资关系时而紧张，时而缓和，总的趋势是向缓和、合作方向发展；③国家调整劳资关系的手段趋于完备，立法体系不断完善，社会保障制度的完善和福利水平的提高，三方格局形成都有利于劳资关系的稳定运行；④劳资关系的运行方式发展成一种有序的组织行为，解决劳资矛盾、劳资争端的途径趋于制度化、法制化。

➢ 知识点 1－2－2　西方发达国家劳动关系理论发展

伴随着劳资关系的演进，理论界对劳动关系的研究日益深入，在研究方法上形成了一元论方法、多元论方法和马克思主义方法。在理论流派上，由于对劳动关系认识不同，形成了 20 世纪 40 年代以来比较有代表性的五大学派：①以米尔顿·弗里德曼、乔治·吉尔德等为代表的新古典学派；②以弗雷德里克·泰罗、彼得·德鲁克等为代表的管理主义学派；③以约翰·R·康芒斯、约翰·K·加尔布雷斯等为代表的新制度学派；④以约翰·R·希克斯、

① 吴宏洛：《转型期的和谐劳动关系》，32 页，北京，社会科学文献出版社，2007。

保罗·A·萨缪尔森等为代表的自由改革主义学派；⑤以保罗·巴兰等为代表的新马克思学派。

同时，伴随劳动关系理论的日渐成熟，学者们纷纷提出各种理论模型：将系统理论模型引入劳动关系研究的邓洛普模型（1958 年邓洛普所著的《产业关系体系》）；采用多学科、多因素视角对劳动关系及其运作管理进行理论分析的桑德沃模型（1987 年桑德沃所著的《劳动关系：过程与结果》）；对劳动关系内部投入、主体、转换过程和产出四部分相互动态影响分析的安德森模型。综合起来，国外对劳动关系的理论研究主要集中于对劳动关系性质的研究；对劳资冲突产生原因的研究；对解决劳资冲突途径的研究；对政府和工会的分析等几个方面。

理论提示①

一元论认为劳资双方是合作关系，不存在根本的利益冲突，强调人力资源管理对劳资协调的作用；多元论方法则认为劳资冲突是由不同利益群体的诉求而必然存在的，但通过系统控制可以得到解决；马克思主义方法认为劳资关系是阶级关系的唯一方面，劳资冲突源于阶级冲突的本质。

新古典学派秉承古典学派经济学家市场自发调节、市场决定作用的观点，认为劳资关系是基于雇员和雇主自由选择的劳动与报酬的市场契约的交换关系，劳资矛盾是资本主义生产关系固有的，不加任何限制的劳动力市场会提高生产效率，使劳资双方的利益和谐一致。从长远看，工会对就业条件和内容没有明显影响，反而对市场机制的运行和发展有副作用。他们认为，企业劳资矛盾的解决有赖于劳资自治，最低工资制度及工会和雇主组织都应该取消，以保证劳动力市场的灵活性，实现资源最优配置。在奉行新古典学派的国家中，以美国最为典型。

管理主义学派多由组织行为学者和人力资源管理专家组成。该学派更关注就业关系中员工的动机及员工对企业的高度认同。这一学派的基本理论假设建立在雇主与雇员、资本与劳动者共同利益上。它将员工的成长与企业的发展联系起来，雇主通过满足员工的需要，激发员工的积极性实现劳动生产率的提高；员工则将提高自己收入的希望寄托在企业的发展和壮大上。该学派认为工会的存在会威胁资方的管理权力，给劳资关系带来不确定性，但已经建立工会

---

① 此部分参考《劳动关系的五大学派》：http：//jungwong. bokee. com/1131697. html。

的企业中的管理者应将工会的存在当作既定事实，同工会领导人建立合作关系；政府可以间接地介入劳资关系，扶持对国民经济发展有特殊战略优势的产业，增加对人力资源培训和开发的支持力度，并为提高企业参与国际竞争能力提供服务。日本是管理主义学派的积极践行者。

新制度学派是第二次世界大战以来发达市场经济国家一直奉行的传统理念的延续。该学派认为，在劳动力市场上雇员大多处于相对不利的地位，工会和集体谈判制度则有助于弥补劳资双方力量的失衡。因而该学派支持工人组建工会和进行集体谈判，注意研究雇主与工会的制度，以及研究工会、雇主和政府等各种组织的行为和特征。该学派不仅跟管理主义学派一样支持政府在经济结构调整和教育培训方面发挥积极的作用，同时还主张在由雇员、雇主、省级或国家级政府三方组成的经济管理体系中，三方都有权对与劳动关系有关的公共问题施加影响，平等地制定决策。德国是实施新制度学派政策最典型的国家。

自由改革主义学派十分关注如何减少或消灭工人受到的不平等和不公正的待遇。该学派的观点较为松散，包括了对歧视、不公平、裁员和关闭工厂、拖欠工资福利、危险工作环境以及劳动法和集体谈判体系中的缺陷等问题的分析。自由改革主义学派的最大特点是提出了“结构不公平”理论，将经济部门划分成“核心”和“周边”两个部门，“核心”部门是指规模较大、资本密集且在市场上居于主导地位的厂商；而“周边”部门则是规模较小、劳动密集且处于竞争性更强的市场上的厂商。与周边部门相比，核心部门能够为雇员提供更优厚的劳动条件，采用更进步的管理方式。而周边部门的工作岗位相对“不稳定”，甚至是临时性的、非全日制的，容易受到裁员政策的影响。对结构不公平的研究说明，工会的存在和集体谈判的开展是非常必要的。但自由改革主义学派同时又认为在当前体系下，那些在周边部门工作的雇员，是最需要工会帮助的，但恰恰在周边部门，工会却又是最无效的。该学派支持政府增加对企业和高收入群体的赋税，降低失业率，增加教育和培训支出，减少贫困，加强对妇女、儿童、少数民族及因裁员和关闭工厂而失去工作的弱势群体的保护，加强健康和安全法规的执行力度等。瑞典是自由改革主义学派观点最具代表性的实例。

新马克思学派是在20世纪60年代以后发展起来的，该学派关注的问题与自由改革主义学派有许多相同之处，但它更关注劳动关系中双方的冲突以及对冲突过程的控制。该学派认为，在经济中代表工人的“劳动”的利益，与代表企业所有者和管理者的“资本”的利益是完全对立的。只要资本主义经济体系不发生变化，工会的作用就非常有限。工人要想得到真正公正、合理的利益，必须直接成为企业的所有者和管理者。他们甚至提出，要对经济目标、资源配置、社会成果分配等宏观层次的问题，在劳资关系三方之间实行国家级谈判。该学派的主要倾向是建立雇员集体所有制。前南斯拉夫建立的工人自治制度曾受到该学派的特别关注。

劳动关系基本上是一种经济关系，劳动关系的变化是中国经济体制改革中发生重大变化的领域之一。从计划经济体制向市场经济体制的转轨中，我国劳资关系的建立和发展伴随着经济、社会体制改革的不断深入，发生了显著变化。

➢ 知识点 1－2－3　计划经济体制时期的劳动关系

计划经济体制下的劳动关系，本质上是一种行政隶属关系，这种劳动关系是由国家通过企业行政和劳动者构成的。企业只是行政体系中的一个中介机构，劳动者是行政体系中的一个组成要素。政府机关及由政府授权管理工厂的厂长、经理作为上级，拥有直接管理劳动者的行政权，劳动者一切服从上级安排，但生老病死有保障，终身有依靠。[①] 具体而言，计划经济时期的劳动关系呈现以下特点：①劳动者主体固定化；②劳动关系形式单一化；③劳动关系管理行政化；④城乡分割二元结构，农村劳动力受到人为歧视。

理论提示

1. 劳动关系主体固定化

在计划经济体制下，生产资料归全民或集体所有，由政府代表全体人民行使相关产权，政府与劳动者在实际上形成一种隐性的、潜在的劳动关系，政府成为劳动关系的实际主体。劳动者无论从事什么职业，不管在哪个单位工作，一旦开始工作，就理所当然地成为“国家职工”，并与企业保持终身不变的劳动关系。

2. 劳动关系形式单一化

新中国成立后，东西方冷战对峙形成，中国的产业化面对的是来自以美国为首的西方世界长达二十多年的经济封锁。中国为了推进产业化进程，实行了“国家所有”为基础的社会主义“中央集权的经济管理体制”和重工业优先的

① 吴宏洛：《转型期的和谐劳动关系》，2 页，北京，社会科学文献出版社，2007。

独立自主的产业政策这两大战略。在此背景下，以国有企业为代表的集体经济被重点培育，得到快速发展。在当时的政治、经济和社会环境下，建立了“工厂管理委员会”制度和“一长制”的管理体制和集体协商制度，劳动关系的形式仅有国有和集体企业劳动关系的形式。

3. 劳动关系管理行政化

计划经济体制下的企业管理者由政府部门委派和考核，因此，其经营行为具有很强的政治性，管理方式也呈现行政化趋势。在企业内部，管理者依据上级政府部门要求制定工作规则，一方面执行政府相关的人事政策；另一方面向职工传达上级的指令。具体表现为：企业雇佣劳动者时，均由劳动行政部门所属调配机关统一介绍、雇佣，个人在被国家纳入录用计划后再由国家行政部门统一调整分配到各个企业，企业没有雇佣自主权，它只是执行国家的招工计划，企业也没有工人的选择权，只是被动地接受来自国家分配来的人员。

4. 城乡分割二元结构，农村劳动力受到人为歧视①

新中国成立以后，中国实行了迅速实现工业化和优先发展重工业的国民经济发展战略，大批农民进入城市，转为工业企业工人。1952 年，全国城市人口 7 000 万人，1957 年增加到 9 949 万人，1960 年更达到 1. 3 亿人。城镇人口占全国总人口的比重由 1953 年的 12. 5% 上升到 19. 7% 。与此同时，农产品的短缺状况越来越突出。1954 年，中国开始实行粮食等农产品的统购统销的低价计划分配体制，以保证城市供应和工业积累。1958 年发起大跃进运动，在农村组织人民公社，进一步挫伤了农民生产的积极性，农业生产大幅下降，全国出现饥荒，政府被迫进行调整，大批城市人口被迫返回农村，1960—1964 年净减少城市人口 3 788 万人。在改革开放以前，非计划流动的农民被称为“盲流”或“盲窜流”。

➢ 知识点 1 -2 -4　“双轨制”下的劳动关系

从 1978 年改革开放到 20 世纪 90 年代中期，我国的经济体制由社会主义计划经济体制向市场经济体制转型。经济体制转型使劳动关系发生着急剧而又深刻的变化，政府逐步从劳资关系的直接主体中退出，劳动就业由政府“统包统配”逐步向“企业自主分配”转化。企业有了用工自主权；劳动者逐步

① 农村劳动力流动课题组：《中国农村劳动力流动的回顾与展望》，http：//finance. people. com. cn/GB/43429/43544/59613/4204322. html。

实现按“按劳分配、多劳多得”的原则获取劳动报酬；社会保险也开始由国家和企业包揽向社会化管理方向发展。具体而言这个时期的劳动关系呈现以下特征：①劳动关系主体逐渐独立化；②劳动关系多元化；③劳动关系的发展呈现动态化。当然这个时期的劳动关系由于转型，处在不断变化发展的社会各方面都对劳动关系产生了影响，劳动关系也存在劳动关系双方利益复杂化、劳动者权益缺乏有效保障、社会保障制度不健全、经营者缺乏有效监督、劳动争议数量不断增多等问题。

理论提示

1. 劳动关系主体逐渐独立化[①]

我国实行渐进式的经济改革政策的突出特点是在保持原有制度不变或对原有国有企业和计划经济实行渐进改革的同时，允许非国有经济特别是非公有经济在体制外的发展；这种改革政策在城镇形成了两种不同的用工领域，一方面是政府控制部门（主要是国有企业），另一方面是市场主导部门（非公有制经济）。在非公有制领域，其劳动关系为典型的市场化劳动关系：劳动关系双方主体明确，是典型的劳资关系；劳动力资源的配置完全由市场价格来决定，身份、等级和地位在这里不起作用，不存在对农村劳动力的就业歧视，企业也没有诸如干部和工人的固定身份；劳动力的价格完全由市场调节，并且反映不同素质劳动力的稀缺程度和劳动者的实际贡献；劳动关系双方保持着明确的契约关系，企业和职工按照雇佣合同保留着解雇和辞职的权利等。由于种种原因，国有企业市场化的劳动关系未能真正建立。但从就业人数上看，我国非公有制经济的就业人员已大大超过了国有企业和公有制部门，这至少意味着，在中国，市场化的劳动关系在数量上占了主导地位。

2. 劳动关系多元化

在计划经济体制下，劳动关系主要表现为全民所有制和集体所有制的劳动关系，形式比较简单。随着经济体制改革的不断深化，我国逐步建立起了以公有制为主体的多种经济成分并存的所有制结构，除国有、集体企业外，还出现了中外合资、中外合作、外商独资、私营、乡镇及股份制等多种类型的企业。不同类型企业的劳动关系呈现出了不同的性质形式和特点：国有企业的劳动关

① 劳动和社会保障部劳动科学研究所课题组:《转型时期中国劳动关系之研究》，http://finance.people.com.cn/GB/43429/43544/59613/4204322.html。

系双方的利益主体身份逐渐明晰，劳动关系的确立和运行由国家调控向市场调控转变，企业内部劳动者和经营者之间的地位差别逐步拉大；劳动关系步入契约化、规范化和法制化；外资企业呈现出近似西方市场经济的劳动关系，政府对外资企业经营方有政策倾斜，劳动关系不稳定；私营企业的劳动关系中企业占主导地位，不规范运行的情况较为普遍。

3. 劳动关系呈现动态化

1978—1986 年年底，企业改革的扩权让利；1987—1990 年年底的政企分开、所有权和经营权分离；1991—1993 年的确立国有企业独立的法人地位；1993—1995 年的现代企业制度的建立。随着企业改革的不断深入，我国劳动制度也进行了相应的改革，统包统配的就业政策的废除，不仅使企业有了录用和辞退工人的权利，而且劳动者也有了自主择业的权利，传统的“大锅饭”局面被打破，取而代之的是“干部能上能下，职工能进能出”的用人机制。在这样的劳动制度下，作为用人单位的企业可能为了提高劳动生产率和经济效益等而追求与劳动力的最佳结合，劳动者为了追求更高的经济收入和更好的工作条件等不断变换工作，这些导致了劳动关系的发展呈现动态化。

知识点 1－2－5　中国转型期的劳动关系

经过二十多年的改革，随着社会向市场经济体制转型，传统静态的劳动关系正在发生嬗变。我们基本上已经实现了从传统计划经济下的单一的劳动关系向市场经济体制下复杂多样化的劳动关系的转变。[①] 具体而言，当前我国的劳动关系呈现出以下特点：①劳动关系复杂化；②劳动关系的调整方式法制化；③劳动关系的时代背景国际化。

理论提示

1. 劳动关系复杂化

随着我国市场经济体制的不断深化，劳动关系的表现形式也出现分化，具体可以概括为“两个层次、三类群体”。“两个层次”指的是各类大型企业和中小型企业这两个层次。其中，各类大型企业的劳动关系管理比较规范，用工条件和劳动者权益一般高于劳动市场法律法规标准；中小型企业的劳动关系一般不太规范，劳动关系运行不太正常，缺乏动态稳定性。“三类群体”指各类

① 吴宏洛：《转型期的和谐劳动关系》，12 页，北京，社会科学文献出版社，2007。

大型企业的全日制劳动合同制员工、中小型企业的各类员工和各大型企业的劳务派遣工、业务外包工、非全日制等灵活就业人员。当前我国劳动关系的管理政策比较关注第一类群体，而更需要帮助的第二类跟第三类劳动者权益却没有得到应有的保障。因此，我们看到有的企业员工住房公积金超过了国家规定的最高限额，有的企业员工却奔波于讨薪路上。

2. 劳动关系的调整方式法制化

这个时期，我国在与劳动关系相关的就业、工资分配、休息休假、职业安全卫生、社会保险、职工民主参与、劳动纪律、劳动争议处理和劳动执法监察等方面都在不断推进立法进程。在向市场经济转型过程中，我国已初步建立起以《劳动法》为龙头的调整劳动关系的法律制度体系，包括《劳动合同法》《工会法》《中华人民共和国社会保险法》（简称《社会保险法》）《中华人民共和国劳动合同法实施条例》（简称《劳动合同法实施条例》）《工伤保险条例》等；形成了劳动合同制度、集体协商和集体合同制度、劳动标准制度、劳动监察制度和劳动争议处理制度等协调劳动关系的法律规范。首先，劳动关系的法制化，表现在劳动关系的法律性质上，即劳动关系主要是一种劳动法律关系。其次，劳动关系的法制化，也意味着劳动关系所涉及的各项实体内容，即劳动标准的法制化。再次，劳动关系的法制化还表现在制定相应法律，通过个别规制和集体规制的形式来调整不同形态的劳动关系。最后，劳动关系的法制化，还表现在一旦劳动关系双方发生劳动争议和劳动纠纷，应当依照《劳动法》等法律规定，经过劳动争议处理制度和程序加以解决。①

3. 劳动关系的时代背景国际化

劳动关系在当代最大的特点是各国的劳动关系都受经济全球化的影响。中国劳动关系在主体结构、劳动标准、调整方式等方面也开始出现了国际化的趋向，即劳动关系的存在和调整受到国际经贸规则和国际劳工标准的影响和制约。具体表现为：①外商对华投资企业中所结成的新型劳资关系，是跨国性生产组织与国别性劳工及其组织结成的一种特殊劳资关系。这使得劳资双方在主体的力量对比、劳动关系的运行和协调、争议的处理等方面都带有自身的特点。②国际劳工标准对中国的劳动立法和企业劳动标准的设置发挥直接影响。截至 2006 年年末，中国共批准 23 个国际劳工公约，其中有 4 项核心劳工公

① 乔健：《略论我国劳动关系的转型及当前特征》，载《中国劳动关系学院学报》，2007（2），33～34 页。

约。政府批准的国际劳工公约和人权公约都将具有国内法的效力，成为中国劳动立法的法律渊源之一。此外，近年来流行于我国东南沿海出口加工企业的“企业守则”认证和监察活动对这些企业的劳动关系规范也发挥了直接影响。③协调劳动关系的手段也更多地借鉴通行的国际惯例，如传统的劳动者组建工会、劳资集体谈判制度、劳动争议处理制度和三方协调机制等制度，还包括企业社会责任运动（Corporate Social Responsibility，CSR）或企业守则运动以及在世界贸易组织（The World Trade Organization，WTO）、其他国际经贸组织和区域性组织中对国际贸易劳工权益保障相挂钩的制度安排。

拓展阅读

当前，我国正处于改革发展的关键期，也是各种社会矛盾的突发期。这一时期，许多重大的社会矛盾是通过激烈的劳动关系冲突体现出来的，了解劳动关系的发展历史有利于理解及解决当前的劳动关系问题，详细请阅读：

袁凌，魏佳琪．企业劳动关系的时代特征及发展趋势．http：//www．gmw．cn/01gmrb/2010－08/17/content_ 1217193．htm．

参考文献

[1] 吴宏洛．转型期的和谐劳动关系．北京：社会科学文献出版社，2007．

[2] 赵小仕．劳动关系的外部性与政府的规制调节．财政研究，2009（1）．

[3] 陈杰平．市场经济中几种主要的劳资关系调节模式．中国工运，2005（9）．

[4] 陈维政，李贵卿，毛晓燕．劳动关系管理．北京：科学出版社，2010．

思考题

1. 简述劳动关系的基本概念及主体。
2. 简述传统劳动关系的分类。
3. 试述西方发达国家劳资关系理论的发展。
4. 简述转型期我国劳动关系的发展特点。

第二章　劳动关系确立

导　读

劳动关系确立是企业劳动关系管理最初始的环节，也是劳动关系主体双方确立各自权利义务的时点。在本章的阅读里，您可以了解以下重要法律要点：

1. 企业劳动关系管理的初始环节是懂得如何区分劳动关系与承揽法律关系、委托代理关系、实习关系等。同时也需要懂得我国特殊的劳动用工制度，包括劳务派遣、非全日制用工等特殊法律规定。

2. 确立劳动关系，企业应当与员工及时订立书面劳动合同，延迟或者不订立书面劳动合同存在法律风险。劳动合同包括固定期限、无固定期限、以完成一定工作任务为期限的劳动合同。劳动合同的内容应当具备法律规定的必备条款，同时可根据情况增加约定条款。

3. 现实生活中，引发劳动合同变更、解除与终止的情况多种多样，包括合同的合意解除、员工单方解除劳动合同、劳动合同的过错性解除、员工被依法追究刑事责任的劳动合同解除、非过错解除合同、经济性裁员等。其中，企业要特别注意和把握对弱势员工限制解除劳动合同的法律规定。

学习目标

1. 了解　我国劳动用工制度的分类。
2. 理解　订立劳动合同的相关法律知识。
3. 掌握　劳动合同解除的类型及相应的法律责任。

第一节　我国劳动用工制度

经济全球化背景下，技术不断变革，企业（用人单位）所处的外部运行环境日趋动荡和不确定，为了适应这种变化，组织形式呈现出分散化、扁平化、小型化和多元化等特点，给劳动力市场带来了活力，多种用工形态并行发展。《劳动合同法》以立法的形式确认了标准劳动关系、劳务派遣、非全日制用工等多种用工形式。在本节的阅读里，您可以了解到我国当前的用工制度。

➤ 知识点 2－1－1　劳动法律关系与承揽法律关系

典型案例 2－1－1

美术学院的在校学生王某（甲方）承揽了个体茶馆李某（乙方）的门面设计装修业务，为慎重起见，双方还签订了门面设计装修合同。合同规定，由乙方出料，由甲方负责按照双方议定的设计图纸进行施工，并就交工日期和报酬等有关事项达成了协议。双方签订合同后，王某便按照合同规定开始施工。后来，由于某些不确定性因素，工程没有按期完工，双方就交工日期及报酬发生了争议。并且据王某介绍，如今大学生在外兼职、揽活，出现争议纠纷的事件非常普遍。

请问：该争议应该适用我国哪部法律法规进行调整？

理论提示

劳动法律关系是指劳动法律规范在调整劳动关系过程中形成的法律上的劳动权利和劳动义务关系，是劳动关系在法律上的表现，是当事人之间发生的符合劳动法律规范、具有权利义务内容的关系。劳动法律关系受《劳动法》调整。承揽法律关系是承揽人按照定作人的要求（包括加工、定作、修理、复制、测试、检验等），以自己的设备、技术和劳力完成一定的工作，交付工作成果，定作人接受工作成果并给付报酬而在双方当事人之间形成的法律关系，承揽关系是一种典型的完成工作的法律关系，受《中华人民共和国合同法》调整。

若按照生活常识理解，案例中王某付出劳动、李某接受劳动成果，双方确实存在劳动关系。但是，并非所有劳动关系都由《劳动法》调整。《劳动法》调整的劳动关系是从狭义上理解的，即劳动者与所在用人单位之间在劳动过程中发生的关系。案例中所发生的劳动关系并不是在劳动过程中形成的而是由劳动成果体现的。尤为关键的是双方签订的是承揽合同而非劳动合同。所以，本争议应该由《合同法》而非《劳动法》进行调整。

解题点拨

在劳动过程中无论发生何种争议，劳动关系协调员或者说企业以及劳动者首先应该准确地判断双方签订的合同是否受《劳动法》调整，然后再有针对性地寻找相关的资料和证据进行协调和处理，以保护企业和劳动者的劳动权益。

➢ 知识点 2－1－2　劳动关系与委托代理关系

典型案例 2－1－2

2007 年 8 月 20 日，林某与某保险股份有限公司签订一份《人身保险个人代理合同》。合同约定，保险公司授权林某代理销售人身保险产品，保险公司向林某支付津贴及据实结算代理手续费，同时为林某提供意外伤害险、意外伤害门诊医疗险等，除此之外，林某不再享受保险公司其他任何福利待遇。合同每两年一签。2010 年 1 月 1 日，林某与该保险公司又签订了一份《劳动合同书》，合同期限至 2011 年 12 月 31 日。保险公司以货币形式按月支付林某劳动报酬，双方按国家规定缴纳各项社会保险费用等，经济补偿金按国家有关法律法规执行。2010 年底，保险公司以林某违反单位规章制度为由单方解除合同，林某离开保险公司后要求从 2007 年起计算经济补偿金，保险公司则主张从 2010 年起按 1 年计算经济补偿金，双方发生争议。

（资料来源：保险代理合同与事实劳动关系的区别，http://china.findlaw.cn/zhishi/comment_98226_y.html。）

请问：经济补偿金应该从何时开始计算？

理论提示

委托代理关系是指委托代理人按照被代理人的委托行使代理权，法定代理人依照法律的规定行使代理权，指定代理人按照人民法院或者指定单位的指定行使代理权的民事法律关系，这种关系比较常见于银行、证券公司、保险公司等金融机构的业务推销。劳动关系与保险代理关系在法律特征上存在以下区别：①主体上，劳动法律关系中的劳动者主要是以职工身份从事劳动；保险代理人是以代理人的身份从事业务活动；②法律依据上，前者受《劳动法》约束，后者依据《合同法》《保险法》等调整；③取得报酬的方式上，劳动者享受规定的劳动报酬和福利待遇，保险代理人按所收取保费的一定比例提取

(佣金)，收入的高低完全取决于自己完成的保费数额，即使代理人的业务下滑，保险公司也无权降低代理手续费的支付标准，即不能取得劳动合同中用人单位克扣工资或奖金的权利。

保险代理人与保险公司的法律关系如何定性是本案审理的关键。如果认定林某与该公司从2007—2010年存在事实劳动关系，则经济补偿金应该从2007年算起；如果认定林某与该公司在2007年8月20日至2010年1月1日期间为保险代理合同关系，则经济补偿金从2009年算起。

解题点拨

本案中，自2007年8月20日至2009年12月31日这段期间，双方签订的是保险代理合同，构成保险代理关系，林某的身份是保险代理人，其报酬按合同提取一定比例佣金，工作时间、工作量多少完全由自己掌握。自2010年签订劳动合同起，双方构成劳动关系，林某是保险公司的职员，必须遵守公司工作时间、规章制度、劳动纪律规定，并享受职工医疗保险和社会保险。保险公司解除劳动合同，对林某的经济补偿金只能自2010年起计算。

➢ 知识点2-1-3　劳动法律关系与实习关系

典型案例2-1-3

小李是某校机械学院一名大四学生，在学校规定的实习期内，小李并没有接受学院统一安排，而是在当地一家龙头企业找到了实习机会。实习某日，小李在没有公司指派的指导老师监督的情形下独自开启设备，致使手指受伤。公司立即将小李送往医院救治，虽然处理及时，但手指造成永久性伤害。还没有走上工作岗位就留下这样的伤残，小李向公司提出提前录用自己为正式员工的要求，否则，公司应当承担补偿责任。公司认为建立劳动关系是双向选择的过程，公司有权利决定录用谁或不录用谁，况且小李并不是公司的正式员工，受伤也是因其违反操作规程，在没有指导老师在场的情况下擅自操作而发生，因此公司拒绝承担任何责任。小李无奈之下来到工伤鉴定部门，希望通过行政机关明确公司的义务，但也吃了闭门羹。

请问：小李是否能够享受工伤保险？

理论提示

实习，是指教师组织学生在学校、工厂、实习园地及其他现场从事一定的实际工作，以获得有关的知识和技能，巩固已经学过的书本知识，学会运用知识解决实际问题和独立完成规定的作业。

一般情况下，根据我国劳动关系方面的规章及司法解释，实习生在主体上不适格，所以实习生与用人单位之间建立的不是劳动关系。实习生虽然不属于劳动者范畴，但从另一个角度来看，其与企业之间的关系构成劳务关系、雇佣关系。

解题点拨

根据《工伤保险条例》第 2 条规定，中华人民共和国境内各类企业的职工和个体工商户的雇工，均有依照本条例的规定享受工伤保险待遇的权利。原劳动部《关于贯彻执行〈中华人民共和国劳动法〉若干问题的意见》第 12 条又规定："在校生利用业余时间勤工助学，不视为就业，未建立劳动关系，可以不签订劳动合同。"小李属于在校生不能算作劳动者，不符合劳动者主体资格，因此，不能按照工伤来对待，无法依据国家有关工伤的政策享受工伤待遇，但小李与该公司形成雇佣关系或劳务关系。据《最高人民法院关于审理人身损害赔偿案件适用法律若干问题的解释》第 9 条，雇员从事雇佣活动中遭受人身损害，雇主应当承担赔偿责任。但如果雇员存在故意或过错的，则需要承担相应的责任。因此，小李仍然可以通过向人民法院提出侵权之诉来主张公司承担赔偿责任。

➢ 知识点 2-1-4　"员工""股东"双重身份　劳动合同关系如何认定

典型案例 2-1-4

2004 年 11 月 5 日，甲某与 A 公司签订《劳动合同书》，A 公司聘用甲某在公司从事产品销售工作，合同期限至 2005 年 11 月 4 日。2006 年 4 月 10 日，甲某受让乙某、丙某在 A 公司 1%、4% 的股份，上述股权转让经公证后在工商行政部门办理了变更登记。2008 年 6 月 5 日，A 公司发布文件任命甲某为公司市场部总监。2009 年 1 月 14 日，A 公司召开"关于 A 公司整合思路"的股东会议，甲某不支持整合方案并表示退出 A 公司；A 公司在 2009 年 1 月之后停止发放甲某的工资。2009 年 6 月 22 日，甲某向劳动争议仲裁委员会提出仲裁申请，要求公司支付其未签订书面合同的双倍工资。

（资料来源："员工""股东"双重身份　劳动合同关系如何认定，http://www.66law.cn/domainblog/60255.aspx。）

请问：甲某受让股份后，与A公司之间是否还存在劳动关系？

理论提示

不同的法律规定具有各自不同的立法宗旨和不同的调整范围。出现上述双重身份（公民个人既是公司股东又是公司员工）的原因，是由于不同的部门法所产生的不同法律关系，并由与之相对应的部门法进行权利义务的分配和调整。

现实中，有不少公司自然人股东为实现自身股份权益的增值，直接参与公司的具体经营管理。如何处理“股东”与“员工”身份出现重叠的情况，成为不少公司棘手的问题。如果公司在对待作为“股东”的员工时，忽视其存在的双重身份，未根据法律规定签订书面劳动合同，且未能提供证据证明未签订的原因在于作为“股东”的员工，公司将直接面临承担《劳动合同法》的相关责任。

解题点拨

该案例中，2004年11月5日，甲某与A公司签订了合同期限从2004年11月5日至2005年11月4日的《劳动合同书》。2008年6月5日，A公司任命甲某为公司市场部总监，该职务为“员工”身份而非“股东”身份。所以，应认定当事人双方在书面劳动合同期限届满后已形成事实劳动合同法律关系，即甲某受让股份后，与A公司之间仍然存在劳动法律关系，A公司应该根据《劳动合同法》的规定支付甲某相应的双倍工资。

➢ 知识点2－1－5　劳务派遣

典型案例2－1－5

陈某于2002年1月受聘于某公交公司所属的20路车队，担任驾驶员，但双方没有签订书面劳动合同。2004年5月公交公司实行改制，要求陈某与该省劳务派遣服务有限公司（以下简称省劳务派遣公司）签订劳务派遣合同。2005年5月19日，陈某与省劳务派遣公司订立了《劳动合同》，但仍在公交公司下属的20路车队工作。2007年6月，因陈某要求公交公司支付身份置换前解除劳动关系的经济补偿金等使双方产生纠纷。2007年6月22日，陈某向当地劳动争议仲裁委员会申请劳动争议仲裁。当地劳动争议仲裁委员会经审理后裁决公交公司一次性支付陈某经济补偿金计人民币5 232元。裁决后，公交公司不服，向当地人民法院起诉。

（资料来源：实际用人单位在“逆向劳务派遣”中的责任承担，http://fzszy. chinacourt. org/public/detail. php? id = 145。）

请问：陈某能否获得经济补偿金？

理论提示

劳务派遣，是指依法设立的劳务派遣机构和劳动者订立劳动合同后，依据其与接受派遣的用人单位之间订立的劳务派遣协议，将劳动者派遣到接受派遣的用人单位工作。在劳务派遣中，劳动过程由用人单位进行管理，而工资、福利、社会保障等费用均由用人单位根据劳务派遣协议拨付给劳务派遣机构，再由派遣机构支付给劳动者，并为劳动者办理社会保险等。

由于目前法律法规对劳务派遣的规定不明确，实践中对劳务派遣的具体做法也不统一，主要有“正向劳务派遣”“逆向劳务派遣”等多种形式，实践中容易产生争议的主要是逆向劳务派遣。所谓逆向劳务派遣，是指劳动者与劳务派遣机构签订劳动合同前，用人单位与劳动者已建立劳动关系；劳动者与劳务派遣机构签订劳动合同后，劳动者再以劳务派遣机构员工的身份派遣回原用人单位继续劳动。在不同的劳务派遣形式中，派遣机构、用人单位在劳动争议中的法律地位不同、责任也不同。

解题点拨

本案中，陈某的劳务派遣属于“逆向劳务派遣”。公交公司在尚未与陈某解除事实劳动关系的前提下，即安排陈某与省劳务派遣公司签订劳动合同，再以省劳务派遣公司员工的名义继续留在公交公司工作。基于劳动关系的唯一性以及陈某在公交公司工作的连贯性，陈某劳动关系中的真实用工主体应为公交公司而非省劳务派遣公司，公交公司应该依法给予陈某相应的经济补偿金。

➢ 知识点 2-1-6　非全日制用工

典型案例 2-1-6

郑某于 2009 年 5 月 15 日被某公司聘用，双方达成口头协议：郑某担任该公司投递员，负责报纸的征订及投递工作。2010 年 3 月 10 日，郑某在一次投递过程中发生交通事故，伤后郑某要求该公司承担工伤保险责任，公司却以双方没有书面合同，故不存在劳动关系为由予以拒绝。郑某不服，遂到当地劳动争议仲裁委员会提起申诉。

请问：该公司拒绝郑某要求其承担的工伤保险责任是否合法？

理论提示

我国《劳动合同法》第68条规定："非全日制用工是指以小时计酬为主，劳动者在同一用人单位一般平均每日工作时间不超过四小时，每周工作时间累计不超过二十四小时的用工形式。"从中可以看出，非全日制用工是以小时工为主要形式，劳动者不提供全日制劳动，劳动者与用人单位之间建立的是非标准劳动关系。

在全日制用工的劳动关系中，社会保险实行用人单位和劳动者共同承担，单位负责缴纳的方式。非全日制用工中，用人单位同样应当按照国家有关规定为建立劳动关系的非全日制劳动者缴纳工伤保险费。从事非全日制工作的劳动者发生工伤，依法享受工伤保险待遇。

解题点拨

依据《劳动合同法》第69条规定："非全日制用工双方当事人可以订立口头协议"。同时，《劳动保障部关于非全日制用工若干问题的意见》（劳社部发〔2003〕12号）第12条规定："用人单位应当按照国家有关规定为建立劳动关系的非全日制劳动者缴纳工伤保险费。从事非全日制工作的劳动者发生工伤，依法享受工伤保险待遇；被鉴定为伤残5－10级的，经劳动者与用人单位协商一致，可以一次性结算伤残待遇及有关费用。"本案中，郑某作为公司的员工，提供自己的劳动，双方已形成事实劳动关系，其在工作中发生交通事故，属于工伤，应享受工伤保险待遇。因此，该公司拒绝郑某要求其承担的工伤保险责任不合法。

拓展阅读

企业劳动关系管理中，作为劳动关系协调员或者企业以及劳动者，首先要对所形成的劳动关系是否受《劳动法》调整进行区分。详细内容请参考下列文献：

（1）冯娇雯．确认劳动关系案件的裁判思路．今日中国论坛，2013（1）．

（2）冯彦君，李娜．退休再就业：劳动关系抑或劳务关系——兼评"社会保险标准说"．社会科学战线，2012（7）．

（3）董保华．"隐蔽雇佣关系"研究．法商研究，2011（5）．

第二节 劳动合同的订立

劳动合同是建立劳动关系的法律形式，劳动合同在稳定劳动关系、发展经济以及推动社会进步方面发挥了重要作用。劳动合同订立涉及劳动合同订立的时点、种类，劳动合同的内容、程序、效力等内容。在本节的阅读里，您可以了解到以上相关内容。

➢ 知识点 2-2-1 劳动合同的适用范围

典型案例 2-2-1

钱某从某大学法学专业毕业后，成为一家组织结构分工明确、职位岗位设置规范的律师事务所的实习律师。根据该律师事务所的规定，实习律师的收入较为固定，与事务所订立聘用协议，事务所不给实习律师发放工资，只是相应发给劳务费、实习补贴和助理补贴，但事务所为其缴纳社会保险。刚刚进入事务所不久的钱某对这种用工方式提出了质疑，认为实习律师也属于劳动者，事务所当前的用工管理违反了法律规定，事务所应当依法支付工资并缴纳社会保险。这一说法得到了大部分实习律师的支持。而当钱某向事务所主任反映相关情况和自己的看法时，事务所主任提出，律师事务所是很特殊的组织，不适用《劳动合同法》的相关规定，况且事务所已经为实习律师支付了相对较高的补贴及奖金，相关人员待遇也不错。

请问：该律师事务所用工管理和分配机制是否合法和妥当？案例中实习律师钱某是否属于劳动者？

理论提示

实习律师是否属于劳动者，需要根据劳动法相关的法理和现行法理法规来分析和判断。就相关的法理来看，判断员工与组织之间是否属于劳动关系的标准通常有三个：①员工是否从属于组织的管理，是否具有从属性；②员工是否必须亲自履行，是否具有人身性属性；③组织是否支付劳动报酬或者对价，是否具有有偿性。从法理的这三个标准来看，实习律师无疑满足了相关的标准。

根据《劳动合同法》的第 2 条第 1 款的规定，“中华人民共和国境内的企业、个体经济组织、民办非企业单位等组织（以下称用人单位）与劳动者建立劳动关系，订立、履行、变更、解除或者终止劳动合同，适用本法”。律师事务所属于其中的民办非企业单位。《劳动合同法实施条例》第3条则进一步规定：“依法成立的会计师事务所、律师事务所等合伙组织和基金会，属于劳动合同法规定的用人单位。”

解题点拨

本案例中的律师事务所属于民办非企业单位，也属于劳动合同法调整的范围，所以律师事务所聘用的实习律师属于劳动者，律师事务所必须为其实习律师支付工资并办理社会保险手续。

➢ 知识点2-2-2　劳动合同订立与劳动关系建立

典型案例2-2-2

某公司为解决招工难问题，于2010年2月18日（正月初五）派人到外地招工。为确保招工效果，该公司采取了现场签订劳动合同的方式。王某便是公司招到的一名工人。公司与其签订了2010年2月18日至2012年2月17日的劳动合同，王某答应过完正月十五便到公司上班。随后，王某因种种原因，直到2010年4月底才到公司上班。2011年4月17日，由于营业执照注销，公司与王某终止劳动合同，但双方就支付经济补偿金问题发生了争议。王某认为支付经济补偿金的计算时间应从劳动合同签订之日起算，即从2010年2月18日至2011年4月17日，要求公司支付1.5个月工资的经济补偿金。公司则认为，王某是2010年4月底才到公司上班的，到2011年4月17日终止劳动合同，工作时间为1年，公司只需支付王某1个月工资的经济补偿金。王某遂向劳动争议仲裁委员会提出了仲裁请求。

（资料来源：劳动合同用工管理若干问题的探讨，http://www.doc88.com/p-600927514519.html。）

请问：签订劳动合同是否等于建立了劳动关系？该公司应该支付多少的经济补偿金？

理论提示

劳动合同订立是指劳动者与用人单位通过书面劳动合同的形式对劳动关系

中的权利、义务、责任等事项进行约定，订立的标志是双方签字盖章。劳动关系建立是指特定条件满足时劳动者与用人单位之间形成了劳动法上的劳动权利义务关系。

劳动合同订立并不意味着劳动关系建立，劳动关系建立也不标志着劳动合同订立。根据《劳动合同法》第7条规定："用人单位自用工之日起即与劳动者建立劳动关系。"用工之日，一般是指劳动者开始向用人单位提供劳动的时间。入职报到通常被认为是开始提供劳动的起点，也因而被认为是建立劳动关系的时间。

解题点拨

本案中王某与公司签订劳动合同的时间虽然在2010年2月18日，但王某的上班时间是2010年4月底，即公司对王某的"用工之日"是4月底，由此，双方建立劳动关系的时间也应是4月底。另外，《劳动合同法》第47条规定，经济补偿金按劳动者在本单位工作的年限支付。本案中，就是要按王某在公司的上班时间来计算。王某在公司的上班时间是1年，故仲裁委员会裁定公司支付王某1个月工资的经济补偿金。

➢ 知识点2－2－3　劳动者不愿意订立书面劳动合同

典型案例2－2－3

杜小姐是广州某机械制造公司人事部的招聘经理。2010年6月，其部门招聘专员招来了一批外地员工。在入职后一周内，公司安排这些新员工与公司签订书面劳动合同。大部分员工按照公司要求签订了劳动合同，但仍有部分员工不愿意与公司签书面劳动合同。他们的理由是，他们目前在广州还没有安定下来，签订书面劳动合同会限制以后在广州的生活安排，所以他们希望不签订书面劳动合同，以后想离开公司时可以随时离开。杜小姐告知这些员工，他们在签订书面劳动合同后，依然可以提前30天告知，对他们在广州的生活安排不会造成太大影响，但是员工们坚持不签。

请问：针对劳动者不愿签订书面劳动合同这一情况，作为招聘经理的杜小姐应该如何处理？

理论提示

为了逃避社会保险费用的缴纳、逃避工伤责任等，在《劳动合同法》出台以前，很多企业选择不与劳动者签订书面劳动合同。这种做法侵犯了劳动者的合法权益，在《劳动合同法》中针对用人单位不签订书面劳动合同规定了严格的法律责任。

《劳动合同法》第 10 条规定："建立劳动关系，应当订立书面劳动合同。已建立劳动关系，未同时订立书面劳动合同的，应当自用工之日起一个月内订立书面劳动合同。"同时，第 14 条第 3 款又规定："用人单位自用工之日起满一年不与劳动者订立书面劳动合同的，视为用人单位与劳动者已订立无固定期限劳动合同。"第 82 条第 1 款规定："用人单位自用工之日起超过一个月不满一年未与劳动者订立书面劳动合同的，应当向劳动者每月支付二倍的工资。"法律条文中并没有特别说明是企业原因还是劳动者原因不签订书面劳动合同，因此，对企业来说，书面化和证据化是企业劳动合同管理的大方向。

解题点拨

即使是由于员工主动不签劳动合同，企业也不一定可以免除双倍工资的责任。所以，在本案例中，作为招聘经理的杜小姐应根据《劳动合同法实施条例》第 5 条规定："自用工之日起一个月内，经用人单位书面通知后，劳动者不与用人单位订立书面劳动合同的，用人单位应当书面通知劳动者终止劳动关系，无需向劳动者支付经济补偿，但是应当依法向劳动者支付其实际工作时间的劳动报酬。"及时与劳动者终止劳动关系。

➢ 知识点 2-2-4　劳动合同的分类

典型案例 2-2-4

2010 年 5 月，广州某外资企业人力资源部王经理准备清理最近到期的劳动合同，并决定是否续签。王经理发现，2010 年 5 月到期的劳动合同一共 12 份，其中 3 份劳动合同的员工的工龄本次到期后已逾 10 年。王经理按照以前的无固定期限劳动合同拒签思路，认为无固定期限劳动合同的订立首先是基于双方自愿，企业单方通知不续签可以阻止无固定期限劳动合同的签订。于是，在征求总经理意见后，书面通知这些老员工到期不再续签。但这些老员工不服，认为劳动者只要工龄满 10 年，就应当签订无固定期限劳动合同。

请问：该外资企业是否可以单方决定不与工龄超 10 年的劳动者续签劳动合同？

理论提示

《劳动合同法》第 12 条规定：“劳动合同分为固定期限劳动合同、无固定期限劳动合同和以完成一定工作任务为期限的劳动合同。”其中，无固定期限劳动合同，是指用人单位与劳动者约定无确定终止时间的劳动合同。对企业短期劳动合同期限的多种法律责任制约，鼓励和引导企业与员工签订长期或无固定期限劳动合同，是《劳动合同法》的一个基本趋势。

《劳动合同法》第 14 条规定：“用人单位与劳动者协商一致，可以订立无固定期限劳动合同。有下列情形之一，劳动者提出或者同意续订、订立劳动合同的，除劳动者提出订立固定期限劳动合同外，应当订立无固定期限劳动合同：（一）劳动者在该用人单位连续工作满十年的；（二）用人单位初次实行劳动合同制度或者国有企业改制重新订立劳动合同时，劳动者在该用人单位连续工作满十年且距法定退休年龄不足十年的；（三）连续订立二次固定期限劳动合同，且劳动者没有本法第三十九条和第四十条第一项、第二项规定的情形，续订劳动合同的。用人单位自用工之日起满一年不与劳动者订立书面劳动合同的，视为用人单位与劳动者已订立无固定期限劳动合同。”

解题点拨

本案例中，该公司的老员工已经在该外贸企业连续工作满 10 年，符合《劳动合同法》第 14 条的规定，劳动者可以依法向该外贸企业主张签订无固定期限劳动合同。如果企业此时拒绝与劳动者签订无固定期限劳动合同，需要承担相应的法律责任。

➢ 知识点 2－2－5　劳动合同内容的设计

典型案例 2－2－5

2009 年 7 月，小董被某制造公司聘用，与小董一起录用的还有其他 5 名新进员工。该制造公司为了控制用工成本，与小董这一批员工在劳动合同中约定，薪资按照不低于最低工资标准发放（注：该年度当地月最低工资标准为 980 元）。该公司此前招聘、招用与小董同一岗位的员工是在两年前，目前这批员工大都工资待遇升至 1 500 元。入职后第一次发放工资的时候，公司向小董等这一批新进员工发放了 980 元的工资。此时，小董等新进员工开始对公司劳动合同中的薪资约定提出异议，认为劳动合同约定不明，应当按照同等岗位其他员工的工资待遇也即 1 500 元执行。公司不同意这种说法，认为劳动合同中明确约定薪资不低于当地最低工资标准，公司则认为劳动合同已经明确约定了薪资待遇。

请问：小董所在公司约定薪资待遇不低于最低工资标准是否可行？

理论提示

劳动合同是要式合同，一般由劳动合同必备条款和约定条款两项构成。关于必备条款，《劳动合同法》第 17 条规定了包括劳动合同期限、工作内容和工作地点、工作时间和休息休假、劳动报酬、社会保险等条款。本案例中的薪资约定是劳动合同的必备条款之一。

根据《劳动合同法》规定，劳动合同对劳动报酬和劳动条件等标准约定不明确，引发争议的，用人单位与劳动者可以重新协商；协商不成的，适用集体合同规定；没有集体合同或者集体合同未规定劳动报酬的，实行同工同酬；没有集体合同或者集体合同未规定劳动条件等标准的，适用国家有关规定。本案例中，小董等员工要求按照同岗位的薪资待遇，具有法律依据。至于是否需要执行还要结合企业的规章制度。针对约定的按最低工资标准支付，如果直接约定 980 元，在理解上就可以避免争议了。

解题点拨

企业出于控制人工成本等方面的考虑，将劳动合同中的薪资约定模糊化，存在一定的法律风险。因为劳动合同一旦订立并生效，需要变更的话，需要与劳动者协商一致，存在相应的法律障碍。因此，企业应制定详细的劳动合同文本。

➢ 知识点 2－2－6　劳动合同如何约定违约金

典型案例 2－2－6

李某 2011 年 7 月大学毕业后，经过人才市场，同某化工厂签订了为期 3 年的劳动合同。后李某于 2012 年 3 月考取了某“211”大学的研究生，李某遂提前 30 天以书面形式通知化工厂，要求解除与化工厂所签订的劳动合同。但化工厂以劳动合同中约定“劳动合同期限未满，若劳动者单方要求提前解除合同，必须提前 30 天书面通知化工厂，并需交违约金 2 万元”为由，要求李某交纳 2 万元违约金后，方可解除劳动合同。李某对此表示怀疑，遂到当地市工会咨询。

（资料来源：劳动合同应如何约定违约金，http://www.educity.cn/career/1104892.html。）

请问：该化工厂要求李某交纳 2 万元的违约金是否合法？

理论提示

《劳动合同法》实施以后，企业可以约定违约金的情况大大减少，并且对违约金的具体约定也做了约束性的规定，企业在运用违约金条款时，要注意把握其合法性。

根据《劳动合同法》的相关规定，用人单位只有在以下两种情况下才可以与劳动者约定违约金：①用人单位为劳动者提供专项培训费用，对其进行专业技术培训的，可以与该劳动者订阅协议，约定服务期。劳动者违反劳动期约定的，应当按照约定向用人单位支付违约金。②用人单位与劳动者可以在劳动合同中约定保守用人单位商业秘密和与知识产权相关的保密事项。对负有保密义务的劳动者，用人单位可以在劳动合同或者保密协议中与劳动者约定竞业限制条款。劳动者违反竞业限制规定的，应当按照劳动合同约定向用人单位支付违约金。

解题点拨

本案中该化工厂并没有给李某提供专项培训，李某并未到与该化工厂有竞争关系的其他用人单位上班，并未侵犯该厂商业秘密，故该化工厂要求李某交纳 2 万元的违约金是没有法律依据的。

拓展阅读

劳动合同是劳动者与用人单位确立劳动关系、明确双方权利和义务的协议，是今后用以处理辞退纠纷的重要依据，因而在劳动合同的订立过程中必须遵循合法、合情、合理的原则，详细请阅读：

（1）李东．公司劳动人事管理及劳动合同签订应注意的几个问题．http://www.110.com/ziliao/article-204665.html.

（2）杨熙．劳动者道德风险背景下未签订书面劳动合同双倍工资分析．法制与经济（中旬刊），2013（3）.

第三节 劳动合同的变更、解除与终止

《劳动合同法》第 3 条第 2 款规定："依法订立的劳动合同具有约束力，用人单位与劳动者应当履行劳动合同约定的义务。"但这并不意味着不允许劳动合同进行变更或解除。通过本节的案例介绍，您将学习到劳动合同的变更、解除与终止的相关法律知识。

➢ 知识点 2 –3 –1 协商解除劳动合同能否获得补偿

典型案例 2 –3 –1

2009 年 12 月 16 日，周某与某公司签订了固定期限为 1 年的劳动合同，并在劳动合同中约定：①甲（某公司）乙（周某）双方任何一方提出解除合同，须提前 1 个月以书面形式通知对方，方可办理解除合同的手续；②1 年期满后，如果任何一方表示不续订本合同，则合同终止。由于各种原因，9 个月后公司因为技术调整将周某的岗位撤掉，周某也没有意愿继续在公司任职。随后周某与该公司协商解除劳动合同，从该公司离职。离职后，周某被朋友告知该公司应该给其相应的经济补偿金。

请问：该公司是否应该向周某支付经济补偿金？

理论提示

协商解除劳动合同，是指用人单位与劳动者在完全自愿的情况下，经过平等协商，达成一致，提前终止劳动合同。

《劳动合同法》第 36 条规定："用人单位与劳动者协商一致，可以解除劳动法合同。"《劳动合同法》第 46 条规定："用人单位依照本法第 36 条规定向劳动者提出解除劳动合同并与劳动者协商一致解除劳动合同的"，用人单位应向劳动者支付经济补偿。第 47 条规定的补偿标准是，按劳动者在本单位工作的年限，每满 1 年支付 1 个月工资的经济补偿金。6 个月以上的按 1 年计算，不满 6 个月的，向劳动者支付半个月工资的经济补偿。

解题点拨

根据上述规定，周某与该公司属于协商一致解除劳动合同的，并且周某在

公司工作的时间为9个月，属于6个月以上的，该公司应该向其支付1个月工资的经济补偿金。

➢ 知识点2-3-2 劳动者不辞而别的法律性质认定

典型案例2-3-2

陈某于2009年到某市甲房地产营销策划有限公司上班。2009年7月29日，甲公司制定了《考勤管理制度》，规定：旷工达3天以上（含3天）做自动离职处理；2009年10月1日，甲公司颁布的《员工手册》规定：员工请事假应事先以书面形式向部门主管申请，经部门主管批准予以生效；如未办任何手续或请假未经同意而缺勤者，一律按旷工处理；员工连续旷工3天，或1年内累积旷工7天的，公司有权解除合同。陈某2010年1月的工资表显示陈某在该月应出勤26天，实出勤13.5天。2010年2月初起，陈某就未到甲公司上班，也未履行请假手续。2010年12月30日，陈某以甲公司没有依法为其缴纳社会保险为由，申请仲裁，请求再次解除双方劳动合同关系并要求甲公司支付经济补偿金。

（资料来源：因旷工被解除劳动合同，http://www.lawtime.cn/info/laodong/ldzyal/20121231136911.html.）

请问：对于陈某不辞而别的行为，其法律性质应该如何认定？

理论提示

意思表示有明示与默示之分。劳动者要求解除劳动合同的意思表示既可以通过语言或文字形式明确表示出来，也可以通过其自身行为进行推定。陈某不辞而别离开公司，没有表示是否解除劳动合同，可能是旷工，也可能是离职。但从陈某申请仲裁要求解除劳动关系的请求来看，则其不辞而别是为了要解除与甲公司的劳动关系。

在劳动合同履行过程中，劳动者可以根据《劳动合同法》第37条规定预告解除，根据第38条规定即时解除，也可根据第36条规定协商一致解除。虽然《劳动合同法》对劳动者进行倾斜性保护，赋予劳动者以单方解除权，但同时也规定了劳动者因个人原因离职时，或者要预先告知公司，或者要与公司进行协商，其目的在于使公司能够及时进行人员安排，避免因人员变动而导致经营管理过程中的损失，维护单位的合法权益。本案中陈某直接以不辞而别的方式离职，不符合《劳动合同法》关于劳动者行使解除权的规定，应当认定属于违法解除劳动合同。

解题点拨

本案中，陈某实际上有两次解除劳动合同的行为：①2010 年 2 月不辞而别，推定其是因个人原因离职而解除劳动合同；②2010 年 12 月 30 日申请仲裁，以甲公司未为其购买社会保险为由要求解除劳动合同。双方劳动合同已实际解除的情况下，陈某要求再次解除双方劳动合同的请求不能成立，相应的，其要求单位支付经济补偿金的诉求亦不能被支持。

➢ 知识点 2 –3 –3　因受欺诈而辞职，原劳动合同是否有效

典型案例 2 –3 –3

2008 年 1 月，郭某与一家公司签订了为期 5 年的劳动合同。2010 年，公司某领导找到郭某称由于效益不好，公司近期要裁减人员。郭某可以选择辞职，由公司一次性给予 3 000 元补偿；或者留下，公司每月给 800 元固定工资。郭某选择了前者，并递交了辞职书，但公司未同郭某办理解除劳动合同手续，也没有按规定将郭某的档案移交有关部门。事后，郭某得知该公司领导所言并非事实，而是由于郭某所负责地区的销售工作基础好、业务容易开展、员工收益丰厚，该领导为安排其关系户顶替郭某的岗位而对郭某进行了欺诈。

请问：在受到欺诈辞职的情况下，郭某与公司的原劳动合同是否仍然有效？

理论提示

“欺诈”是指用人单位故意告知劳动者虚假的情况，或者故意隐瞒真实的情况，诱使劳动者做出错误意思表示的行为。根据《劳动法》与《劳动合同法》规定，用人单位采取欺诈、胁迫的手段或者乘人之危，使劳动者在违背真实意思的情况下所实施的民事行为无效。

本案例中，该公司领导出于私利，故意以虚假事实来隐瞒真实情况，让员工基于自身利益，不得不违心地选择辞职，属于法律规定的“欺诈”范畴。因此，郭某的辞职行为无效。同时，法律规定对无效的民事行为的处理分三种情形：一是当事人因该行为取得的财产，应当返还给受损失的一方；二是有过

错的一方应当赔偿对方因此所受的损失；三是双方都有过错的，应当各自承担相应的责任。

解题点拨

本案例中，郭某与公司的劳动合同仍然有效，且公司必须赔偿他未上班期间的损失。原因如下：①郭某的辞职因为公司某领导的欺诈行为而无效；此外，仅有职工辞职行为，而未能履行解除或终止劳动合同手续并按规定将职工档案移交有关部门，违反了法律规定的解除劳动合同的程序规定，并不当然产生解除或终止劳动关系的后果，应视为双方劳动关系仍然存在。②根据《中华人民共和国民法通则》第43条规定："企业法人对它的法定代表人和其他工作人员的经营活动，承担民事责任。"郭某的辞职虽然是由于公司的个别领导引起，但也必须由公司承担责任，至于公司是否追究该领导的责任则另作他论。

➢ 知识点2－3－4 员工被依法追究刑事责任的劳动合同解除

典型案例2－3－4

2013年3月，南京某公司职工田某因犯罪被当地基层人民法院判处有期徒刑1年，缓刑1年。可该公司并没有按《劳动合同法》的规定，依法解除与田某的劳动合同。因为田某在单位人缘不好，职工们都希望公司趁此将其"炒鱿鱼"。

（资料来源：职工被判缓刑能不能解除劳动合同，http：//www.cnlss.com/LssReference/CaseAnalysis/200908/LssReference_20090812225051_7097.html。）

请问：公司没有辞退田某是否合法？

理论提示

根据原劳动部《关于贯彻执行〈中华人民共和国劳动法〉若干问题的意见》（劳部发〔1995〕309号）第29条规定的"依法追究刑事责任"是指："被人民检察院免于起诉的、被人民法院判处刑罚的、被人民法院依据刑法第32条免于刑事处分的。"

《劳动合同法》第39条规定，"劳动者有下列情形之一的，用人单位可以解除劳动合同：（一）在试用期间被证明不符合录用条件的；（二）严重违反用人单位的规章制度的；（三）严重失职，营私舞弊，给用人单位造成重大损害的；（四）劳动者同时与其他用人单位建立劳动关系，对完成本单位的工作任务造成严重影响，或者经用人单位提出，拒不改正的；（五）因本法第26条第1款第1项规定的情形致使劳动合同无效的；（六）被依法追究刑事责任的。”因此，职工在劳动合同期内，因犯罪被依法追究刑事责任的，用人单位可以解除劳动合同。但法律规定的是“可以”而不是“应当”，不存在必须解除劳动合同的强制性规定，是否解除劳动合同，决定权在于用人单位。

解题点拨

本案例中，田某因犯罪被法院判处1年有期徒刑，缓刑1年，应属于法律规定的“被依法追究刑事责任”的情形，该公司可视情况，依法解除与其未到期的劳动合同，但不解除劳动合同也并不违法。

➢ 知识点2－3－5　企业解雇已达退休年龄女工引发的纠纷

典型案例2－3－5

肖大姐于2005年2月入职东莞市某新村居委会担任环卫清洁工，2007年6月她年满50周岁，达到退休年龄。2009年4月8日，肖大姐与该村居委会签订了终止日期为2011年12月31日的劳动合同，但居委会一直未为肖大姐缴纳社会保险费。2010年8月31日，居委会以肖大姐超过退休年龄为由，通知其解除劳动合同。

（资料来源：企业解雇已达退休年龄女工被判赔偿金，http：//blog.sina.com.cn/s/blog_49a963b101010o2n.html。）

请问：该新村居委会解雇肖大姐是否属于违法解除劳动关系？

理论提示

对于企业而言，在进行劳动合同终止管理时，应当特别留意两个事项：一是劳动合同到期终止支付经济补偿金；二是员工劳动合同终止的法定情形。本案例属于后者引发的相应的劳动争议产生的法律风险。

依照《最高人民法院关于审理劳动争议案件适用法律若干问题的解释（三）》（简称《解释（三）》）第7条规定：“用人单位与其招用的已经依法享受养老保险待遇或领取退休金的人员发生用工争议，向人民法院提起诉讼的，人民法院应当按劳务关系处理。”因此，凡是已经享受养老保险待遇或领取退休金的人员继续工作，其工作的内容或许与退休前一致，但是其与用人单位之间的法律关系已经发生了改变，双方是劳务关系，不再属于《劳动法》的调整范围。

另一种情况是虽然已经超过了法定的退休年龄，但是未能享受养老保险待遇或领取退休金的人员。《劳动合同法实施条例》规定：“劳动者达到法定退休年龄的，劳动合同终止。”没有具体规定的地区可以结合《解释（三）》“劳动者达到退休年龄但并没有享受基本养老保险待遇”的规定，超过了法定的退休年龄、但未能享受养老保险待遇或领取退休金的人员，与用人单位的劳动合同没有终止。（注：北京市不适合本解读）

解题点拨

本案例中，肖大姐达到法定退休年龄后又连续在该新村居委会处工作，该新村居委会一直未为肖大姐缴纳社会保险费用，肖大姐超过法定退休年龄后，未能享受基本养老保险待遇，但该新村居委会仍然与其签订了劳动合同，双方形成劳动关系。所以该新村居委会单方解除劳动合同的行为属于违法解除劳动关系。

知识贴士

经济性裁员的合法性审查

2008 年金融危机后，裁员潮涌现。企业在进行裁员时应进行合法性审查，以免陷入违法裁员的境地。实践中很多企业的裁员行动在律师的参与下最终演变成为协商解除劳动合同，基本上无法律上的风险。就经济性批量裁员的合法性审查提供如下建议：

一、审查是否具备法律的裁员条件

按照《劳动合同法》第 41 条规定，用人单位裁员需具备法定条件。裁员条件举证责任由用人单位承担，用人单位必须有充分证据举证证明达到法律所规定的可以裁员的条件方可裁员，不能举证的将会被认定为违法裁员。用人单位裁员需具备的条件如下：

（1）用人单位依照企业破产法规进行重整的。实践中用人单位依照企业破产法规进行重整的裁员条件举证相对容易，提供人民法院出具的关于重整的裁定书即可，无法院出具的重整的裁定，不能以此为由裁员。

(2) 用人单位生产经营发生严重困难的。用人单位生产经营发生严重困难是目前环境下用人单位采用的主要理由，适用此条件时用人单位必须举证证明生产经营发生了困难，且是严重的困难，这需要对企业相关财务状况进行举证，实践中很多用人单位以经营不佳为幌子进行裁员，实际上生产经营并没有受到影响，这就会让裁员行为陷入违法解雇的风险中。

(3) 企业转产、重大技术革新或经营方式调整，经变更劳动合同后，仍需裁减人员的。用人单位需注意适用该条件时发生企业转产、重大技术革新或者经营方式调整并不能立即裁员，而是先要与劳动者变更劳动合同，经变更劳动合同后，仍需裁减人员的方可裁员。如果未经变更劳动合同即裁员，也属于违法解除合同，需承担违法解除合同的法律责任。

(4) 其他因劳动合同订立时所依据的客观经济情况发生重大变化，致使劳动合同无法履行的。注意这里是“客观经济情况发生重大变化”，不是《劳动合同法》第40条第3项的“劳动合同订立时所依据的客观情况发生重大变化，致使劳动合同无法履行，经用人单位与劳动者协商，未能就变更劳动合同内容达成协议的”，“客观经济情况”一般是指发生不可抗力或出现致使劳动合同全部或部分条款无法履行的其他情况，如企业迁移、兼并、分立、合资等。

二、审查是否履行裁员的法定程序

《劳动合同法》第41条规定：“有下列情形之一，需要裁减人员二十人以上或者裁减不足二十人但占企业职工总数百分之十以上的，用人单位提前三十日向工会或者全体职工说明情况，听取工会或者职工的意见后，裁减人员方案经向劳动行政部门报告，可以裁减人员：(一) 依照企业破产法规定进行重整的；(二) 生产经营发生严重困难的；(三) 企业转产、重大技术革新或者经营方式调整，经变更劳动合同后，仍需裁减人员的；(四) 其他因劳动合同订立时所依据的客观经济情况发生重大变化，致使劳动合同无法履行的。”该条款规定了裁员的人数要求及程序要求：

(1) 人数要求：裁减人员需达到20人以上或者裁减不足20人但占企业职工总数10%以上才能启动裁员程序。实践中用人单位的风险在于裁减人员未达到20人或者人数少的企业未达到职工总数10%也启动裁员程序。用人单位如果裁减人员人数不足法定标准，不能启动裁员程序成批解除劳动合同，只能按照劳动合同法第36条、第39条、第40条的规定单个解除劳动合同，否则裁员行为违法，应当承担违法解除的法律风险。

（2）提前说明：用人单位应当提前30日向工会或者全体职工说明情况，听取工会或职工的意见，注意既可以向工会说明情况，也可以向全体职工说明情况，用人单位可以选择。用人单位在操作过程中注意“全体职工”不能用“职工代表”代替，另外应当保留提前通知工会或者全体职工的书面证据，未提前通知或不能举证证明的均会导致违法裁员风险。

（3）报告程序：裁减人员方案需向劳动行政部门报告，注意法律并没有要求劳动行政部门批准后才可裁员，只需履行报告程序即可。用人单位应当保留劳动行政部门签收的相关证据。

三、审查是否误裁“优先留用”人员

按照《劳动合同法》的规定，裁减人员时，应当优先留用下列人员：

（1）与本单位订立较长期限的固定期限劳动合同的；

（2）与本单位订立无固定期限劳动合同的；

（3）家庭无其他就业人员，有需要抚养的老人或者未成年人的。

另外，用人单位裁减人员后，在6个月内重新招用人员的，应当通知被裁减的人员，在同等条件下优先招用被裁减的人员。注意：《关于实行劳动合同制度若干问题的通知》第19条规定，因经济性裁员而被用人单位裁减的员工，在6个月内又被原单位重新录用的，对职工裁减前和重新录用后的工作年限应当连续计算为本单位工作时间。

如果用人单位裁员不注意法律要求优先留用的人员范围，将较长期限合同及无固定期限合同员工裁掉而保留较短期合同员工，也会涉嫌违法裁员。

四、审查是否误裁减禁止裁减的人员

根据《劳动合同法》的规定，企业在裁员时“老、弱、病、残”员工不得裁减：

（1）从事接触职业病危害作业的劳动者未进行离岗前职业健康检查，或疑似职业病人在诊断或者医学观察期间的；

（2）在本单位患职业病或者因工负伤并被确认丧失或者部分丧失劳动能力的；

（3）患病或者非因工负伤，在规定的医疗期内的；

（4）女职工在孕期、产期、哺乳期的；

（5）在本单位连续工作满15年，且据法定退休年龄不足5年的。

实践中，用人单位裁员时往往最先考虑的需裁减的人员就是劳动能力降低、竞争力减弱的上述5类人员，但是这5类人员恰恰又是法律侧重保护的对象，如果用人单位裁员时裁减上述人员，将面临违法解除劳动合同的风险。

五、审查是否裁减处于试用期员工

实践中用人单位在裁员时往往首先考虑的是裁减试用期员工，《劳动合同法》第21条规定："在试用期中，除劳动者有本法第三十九条和第四十条第一项、第二项规定的情形外，用人单位不得解除劳动合同。"本条规定了试用期中解除劳动合同的依据限于第39条和第40条第1项、第2项，排除了第41条（即裁员）的适用。换句话说，如果劳动者在试用期内，用人单位依据第41条之规定裁减无法律依据，将面临违法解除劳动合同的风险。为了避免法律风险，用人单位对试用期员工可选择协商解除劳动合同，或在试用期届满后再裁减。

（资料来源：李迎春，经济性裁员的合法性审查，http：//blog. sina. com. cn/s/blog_49a963b101019o7w. html。）

参考文献

[1] 王桦宇. 劳动合同法实务操作与案例精解. 北京：中国法制出版社，2008.

[2] 中国法制出版社. 最新劳动法律政策全书. 北京：中国法制出版社，2011.

[3] 于桂兰，于楠. 劳动关系管理. 北京：清华大学出版社，北京交通大学出版社，2011.

[4] 陈维政，李贵卿，毛晓燕. 劳动关系管理. 北京：科学出版社，2010.

思考题

1. 目前，我国存在哪些特殊的用工制度？

2. 在劳动合同的订立过程中，劳动者应该如何保障自己的合法权益？

3. 在与劳动者协商解除劳动合同过程中，企业（用人单位）应该注意哪些法律规定？

第三章　劳动关系运行

导　读

劳动关系运行的内容主要包括企业试用期、竞聘与调岗、员工培训与服务期等用工管理；工作时间、劳动报酬、社会保险等劳动标准管理；集体合同制度的建立等集体劳动关系管理。这些都涉及员工的切身利益，同时也是当前劳动争议和纠纷的主要争议点。通过本章的学习，您可以了解以下内容：

1. 人力资本投入是企业特别是大企业愿意着手推动的一个方向。随着经济社会的不断发展，越来越多的企业认识到企业用工管理的重要性。实践中，企业为了留住人才、合理利用人才，采取了试用期、轮岗等方法，并对员工进行培训，注重员工的职业生涯管理；为了保证自己的竞争优势，企业对离职的劳动者约定保密协议、竞业限制等内容。《劳动法》《劳动合同法》等法律法规对试用期、调岗、培训、服务期限、商业秘密、竞业限制等均有明确规定。

2. 劳动报酬、工作时间、休假福利、社会保险、劳动保护等管理涉及劳动者的切身利益，既是劳动运行过程中涉及的重要内容，也是劳动争议和纠纷的主要争议点。随着我国法律的不断完善，用人单位的劳动标准如何实现合法、合理、合情也成了一门学问。

3. 集体合同制度不仅是市场经济体制下劳动关系调整体系的重要组成部分，也是促进社会和谐共生以及进一步稳定劳动关系的重要制度保障。集体合同所规定的劳动标准可以成为劳动合同的补充，并注重集体合同和劳动合同的协调运用。此外，三方协商机制解决的是有关劳动关系中的重大问题，对于管理良好的企业而言，三方机制可以有效调节劳动关系。

学习目标

1. 了解　集体合同的制订以及我国三方协调机制。
2. 理解　调岗、培训管理中需要注意的法律问题。

3. 掌握　试用期、服务期、商业秘密、竞业限制；劳动报酬、工作时间、休假福利、社会保险、劳动保护的相关法律规定。

第一节　企业用工管理

随着《劳动合同法》《劳动合同法实施条例》等法律法规的颁布实施，劳动者受到的保护力度得到了较大提高，这在一定程度上增加了用人单位人力资源的管理成本。特别是对于劳动密集程度高、劳动力流动较大的行业，面临的考验更为严峻。因此在用工过程中，用人单位要加强管理的合法性与科学性。

➢ 知识点 3－1－1　试用期管理

典型案例 3－1－1

2009 年 3 月 1 日，郑某入职某软件公司担任主管，签订了一份劳动合同，劳动合同期限为两年，试用期为 6 个月。郑某试用期工资为 4 800 元/月，试用期满后工资为 6 000 元/月。2009 年 8 月 1 日，郑某在该公司工作了 5 个月后，认为公司不符合其职业规划而辞职。随后，郑某听朋友说，该公司违法约定试用期，应支付郑某赔偿金。郑某于是向公司主张权利。

（资料来源：试用期可以超过法定期限吗？http：//www. 110. com/ziliao/article－248460. html。）

请问：郑某的主张应该得到支持吗？

理论提示

试用期，是用人单位和劳动者建立劳动关系后，用人单位考查劳动者是否适合其工作岗位，劳动者感受该岗位是否适合自己的一个过程，是劳动合同期限内的一段特殊期间。现实中，很多用人单位误将试用期变成“白用期”，如随意设定试用期限，试用期不签订劳动合同、不缴纳社会保险、随意辞退劳动者、随意设定试用期工资等，这些都是违法的，其违法的成本比守法的成本还要高，在应对劳动纠纷时，用人单位一定会处于不利地位。以试用期不缴纳社会保险为例，根据法律规定，用人单位与劳动者建立劳动关系后，应为劳动者缴纳社会保险。用人单位没有缴纳的，劳动者可以要求用人单位补缴。未缴纳社会保险期间发生工伤事故，赔偿责任由单位承担；另外，针对用人单位没有缴纳社会保险费的情形，赋予了劳动者单方解除权，并且可以向用人单位主张经济补偿。因此，用人单位试用期的法律规定应当予以重视。

解题点拨

根据《劳动合同法》第 19 条规定："劳动合同期限三个月以上不满一年的，试用期不得超过一个月；劳动合同期限一年以上三年以下的，试用期不得超过二个月；三年以上固定期限和无固定期限的劳动合同试用期不得超过六个月。"本案中软件公司与郑某的劳动合同期限是两年，按照上述规定，其试用期最长应该是两个月，但公司却与郑某约定了长达六个月的试用期，这种做法明显违法。

《劳动合同法》第 83 条规定："用人单位违反本法规定与劳动者约定试用期的，由劳动行政部门责令改正；违法约定的试用期已经履行的，由用人单位以劳动者试用期满月工资为标准，按已经履行的超过法定试用期的期间向劳动者支付赔偿金。"本案中，该公司违法约定的试用期超出规定四个月，其中已经实际履行了三个月，因此，软件公司应依法支付三个月的赔偿金给郑某，超出的另外一个月并未实际履行，公司无需支付赔偿金。

用人单位违法约定试用期的情况，除了不能超过法定期限外，《劳动合同法》第 19 条还规定了另外三种情形："同一用人单位与同一劳动者只能约定一次试用期。以完成一定工作任务为期限的劳动合同或者劳动合同期限不满三个月的，不得约定试用期。试用期包含在劳动合同期限内。劳动合同仅约定试用期的，试用期不成立，该期限为劳动合同期限"。

➢ 知识点 3－1－2　调岗管理

典型案例 3－1－2

2010 年 2 月，王先生和甲公司签订了一份为期两年的劳动合同。合同约定，王先生的工作岗位为总经理助理，月薪 8 000 元，主要职责是协助总经理处理公司日常事务，沟通协调各部门工作。2012 年 5 月，甲公司突然将王先生调至总务部，岗位为行政助理，月薪 2 800 元。王先生接到公司调令后，非常气愤，找到人事部人事经理，人事部的回答是王先生不能胜任总经理助理，所以将其调整岗位为行政助理。王先生认为公司的做法没有理由，擅自将其调到行政助理一职，侵害了其权益，在谈判不成的情况下，王先生将甲公司告上仲裁庭，请求继续履行原合同，并按原工资标准 8 000 元支付工资。

(资料来源：企业如何有效的调岗调薪？http：//www. 110. com/ziliao/article－471922. html。)

请问：甲公司将王先生进行调岗降薪的做法是否合法？

理论提示

用人单位让劳动者变换工作岗位，从法律的角度来说属于变更劳动合同。根据《劳动合同法》的规定，劳动合同变更应当满足以下条件：

(1) 必须经过协商一致；

(2) 必须采取书面形式，二者缺一不可。

具体而言，用人单位合法地将劳动者调岗的情形主要有以下三种：

(1) 劳动者不能胜任工作岗位，可以经过培训或者调岗；

(2) 劳动合同中对工作岗位和工资待遇调整有明确约定；

(3) 用人单位提出，劳动者同意的情形。

但用人单位调整劳动者的工作岗位要符合以下四个方面的条件：

(1) 调整工作岗位是用人单位生产经营所需，用人单位合法行使用工自主权；

(2) 调整后的工资水平跟原来岗位的工资相当；

(3) 新岗位不带有侮辱性、惩罚性；

(4) 劳动者对用人单位的调岗调职调薪并未提出异议，或虽提出异议但并无证据证明，通过实际履行默示调整了原合同约定的，视为双方对变更达成一致。

除了以上的情形，用人单位擅自调整劳动者工作岗位，降低工资的行为是违法的。劳动者可以以书面快递或者邮件的方式向用人单位提出异议或者要求恢复岗位；也可以据此要求解除劳动合同，用人单位应支付解除劳动合同的经济补偿金；若劳动者仍想按原劳动合同继续履行，而用人单位既不安排劳动者从事原工作，也不按原劳动合同的约定支付相应报酬，导致劳动者提出解除劳动合同的，可视为用人单位违法解除劳动合同。

解题点拨

本案中，从企业的用工自主权来说，甲公司是可以单方面对王先生调整岗位和薪酬的，但在调岗调薪时，应该有充分的理由证明其这样的做法是合法合理的。王先生原来的岗位是总经理助理，月薪 8 000 元，属于公司的中层管理人员，享受中层管理人员的薪资待遇。公司在没有经过王先生本人同意的情况下，将其调任行政助理一职，月薪降至 2 800 元，仅为原来的 35%，且行政助理主要负责公司的档案管理，与王先生原来的总经理助理工作的性质完全不同。甲公司认为王先生不能胜任总经理助理工作，须由甲公司承担举证责任，例如，甲公司有相应的规章制度对总经理助理岗位的具体职责进行描述，该公司备有总经理助理的考评制度与标准以及调岗调薪程序性的规定。事实是甲公司无法证明其对王先生调岗调薪的充分合理性及调岗程序的合法性，其单方对王先生的调岗行为属于违法行为。

➢ 知识点 3－1－3　员工培训与服务期管理

典型案例 3－1－3

2008 年 8 月，某软件公司录用黄某；2009 年 8 月，公司送其到英国培训 3 个月，并与黄某签订 6 年服务期合同。合同约定 60 000 元的培训费用由公司承担，黄某应在培训结束后为公司服务 5 年，如果黄某违约解除合同，须按服务年限承担相应比例的培训费。黄某培训结业回国后，想辞职另谋高就，但考虑到如果是自己提出辞职的，须支付高额的违约金，便开始不认真工作。黄某在工作期间不遵守劳动纪律，时常旷工并与其他职工吵闹。2010 年 2 月，公司鉴于黄某违纪严重，决定解除其劳动合同，并要求黄某按协议规定支付违约金 50 000 元。

（资料来源：培训服务期内被解除合同，该怎么办？http：//www.110.com/falv/laodongjiufen/laodonganli/jiechuhetong/2010/0904/432778.html。）

请问：该软件公司的要求是否合法？

理论提示

员工培训是为了培养和提高劳动者从事各种职业所需要的技术业务知识和实际操作能力而进行的专门教育和训练活动。根据《劳动合同法》的规定，用人单位为劳动者提供专项培训费用，对其进行专项技术培训的，可以与该劳动者约定服务期。劳动者违反服务期约定的，应当按照约定向用人单位支付违约金。但哪些属于“专项培训费用”和“专业技术培训”，是用人单位必须注意的。

解题点拨

本案例中，首先分析该公司单方解除劳动合同是否合法。根据《劳动合同法》第39条，劳动者严重违反用人单位的规章制度的，用人单位可以解除劳动合同。案例中的黄某“在工作期间不遵守劳动纪律，时常旷工并与其他职工吵闹”符合此项规定，因此公司与黄某解除劳动关系是合法的。

其次，分析公司与黄某订立培训协议是否有效，即订立协议，约定服务期是否合法。根据《劳动合同法》第22条第1款规定，用人单位提供专项培训费用，为劳动者进行专业技术培训的，可以与劳动者订立协议，约定服务期。关于“专项培训费用”的范围，《劳动合同法实施条例》第16条规定，培训费用包括用人单位为了对劳动者进行专业技术培训而支付的有凭据的培训费用、培训期间的差旅费以及因培训产生的用于该劳动者的其他直接费用。案例中的黄某是公司的技术开发人员，其所接受的培训性质理当属于专业技术培训，所涉及的培训费用60 000元属于专项技术培训费用。因此，公司与黄某订立的培训协议是有效的，该服务期协议对黄某有约束作用（公司应保留好培训费用支出凭证）。

再次，分析黄某被公司解除劳动关系是否要承担培训费。《劳动合同法实施条例》第26条第2款规定，劳动者因严重违反用人单位的规章制度，用人单位与劳动者解除约定服务期的劳动合同的，劳动者应当按照劳动合同的约定向用人单位支付违约金。案例中黄某属于严重违反单位的规章制度而被辞退，应承担违反服务期的违约责任和违约金，赔偿损失。

➢ 知识点3－1－4　商业秘密与竞业限制管理

典型案例3－1－4

2008年2月，周某入职某公司任市场部经理，公司与周某签订了一份《保密和竞业限制协议》，协议约定周某应当保守公司商业秘密，且劳动合同解除后的两年内不得到与本公司经营性质相同的单位任职，否则承担违约金60 000元。周某的每月工资构成为：基本工资、加班工资、绩效工资。周某的月工资为：基本工资1 500元、竞业限制补偿金500元、加班工资800元、绩效工资2 000元。2009年7月，周某与公司协商解除劳动合同，公司未再向周某支付竞业限制补偿金。两个月后，周某入职一家与该公司经营同类业务的公司，该公司申请劳动仲裁，认为公司每月支付了竞业限制补偿金500元，周某应当承担竞业限制义务，要求周某支付违约金60 000元，并在两年内不得到有竞争关系的单位任职。

请问：该公司的请求是否合法？

理论提示

商业秘密，是指不为公众知悉、能为用人单位带来经济利益、具有实用性、被用人单位采取保密措施保护的技术信息和经营信息。一般来说，包括两大类：一类是技术秘密，即从生产实践或技艺中得到的具有实用性的知识，如技术方案、作业蓝图、产品配方等；一类是经营秘密，指的是一切与用人单位经营活动有关的具有秘密性质的经营管理方法和与其相关的信息和情报，如产销策略、财务资料、客户名单等。竞业限制指用人单位与劳动者约定在解除或终止劳动合同后一定期限内，劳动者不得到与本单位生产或经营同类产品、从事同类业务的有竞争关系的其他用人单位任职，或自己开业生产或经营同类产品。竞业限制的立法目的在于保护用人单位的商业秘密，保护正当竞争。保密义务一般是法律的直接规定或合同的附随义务，不管用人单位与劳动者是否签订保密协议，劳动者均有义务保守商业秘密；而竞业限制是基于用人单位与劳动者的约定产生，没有约定，则无须承担竞业限制义务。

解题点拨

根据《劳动合同法》第23条的规定，对负有保密义务的劳动者，用人单位可以在劳动合同或者保密协议中与劳动者约定竞业限制条款，并约定在解除或者终止劳动合同后，在竞业限制期限内按月给予劳动者经济补偿。劳动者违反竞业限制约定的，应当按照约定向用人单位支付违约金。竞业限制的期限不得超过两年。本案例中，该公司虽然与周某签订了《保密和竞业限制协议》，而且在工资组成中包含每月500元的竞业限制补偿金，但是与法律规定的竞业限制补偿金应该在员工离职后支付相违背。案例中，该公司支付给周某的竞业限制补偿金不具有法定的竞业限制补偿金的性质，应当认定为工资。所以，该公司并未支付周某竞业限制补偿金，因而竞业限制条款无效。其要求支付违约金的行为并不符合法律的规定。

➢ 知识点 3－1－5　职业生涯管理

典型案例 3－1－5

邵某，25 岁，初中毕业后开始外出打工。10 年间，已换了 10 个用人单位。2013 年 6 月，她又托熟人找到济南某人力资源管理咨询有限公司，该公司将她派遣到一个大型印刷厂，工资 3 000 元左右，另外还有工伤保险、养老保险、医疗保险等，接受派遣的公司还包吃包住。上班不到 3 个月，邵某由于工作太单调提出辞职。如今，邵某仍未找到合适的工作，而印刷厂也为偏高的人员流动性头疼。特别是近年来，90 后开始步入社会后，这一问题越发突出。

（资料来源：新生代农民工就业观察：年年跳槽职业积累在哪？http：//finance.sina. com. cn/nongye/nygd/20120227/151511462255. shtml。）

请问：企业如何对新生代员工进行职业生涯管理？

理论提示

职业生涯，是指人一生中所有与职业相联系的行为和活动，包括相关的态度、价值观、愿望等的变化经历，是一个人一生中职业、职位的变迁及理想、工作业绩的实现过程。员工职业生涯管理，是指组织或个人为实现员工的职业目标，对员工的职业历程和职业发展所采取的计划、组织、领导、控制等一系列手段。随着市场经济的不断深入和完善，劳动者作为自由个体具有很强的流动性，很多用人单位为了能成功地吸引和留住优秀员工，也将员工职业生涯管理的内容纳入用工管理中重要的一环加以注意。职业生涯管理作为员工发展的一种有意识的规划，对用人单位（企业）和劳动者（用工）都具有重要意义。

解题点拨

在员工职业生涯的早期阶段，即新人期，组织应对新员工进行上岗引导和岗位配置，提供一个富有挑战性的最初工作；在招募时提供较为现实的未来工作展望；对新员工严格要求，并开展职业生涯规划活动；开展以职业发展为导向的工作绩效评价。在员工职业生涯的中期阶段，即中流砥柱期，组织应帮助员工自我实现，建立并落实内部晋升计划，促进员工发展的组织策略。在职业生涯的后期阶段，即元老期，组织应帮助员工树立正确的观念，坦然面对退休；开展退休咨询，着手退休行动；做好退休员工的职业工作衔接；安排员工成为顾问；采取多种措施，做好员工退休后的生活安排。

拓展阅读

商业秘密与竞业限制管理的基础在于，如何确认哪些信息属于企业的商业秘密。某项信息一旦被列入商业秘密之后，企业将因此承担相应的管理成本。为了降低保护商业秘密的经济成本，企业应加强商业秘密的确认工作，避免将不能为企业带来经济效益的信息纳入商业秘密管理范围。详细内容请参考下列文献：

（1）王桦宇. 劳动合同法实务操作与案例精解. 北京：中国法制出版社，2008.

（2）中国法制出版社. 最新劳动法律政策全书. 北京：中国法制出版社，2011.

第二节　劳动标准管理

劳动报酬、工作时间、休假福利、社会保险、劳动保护等方面的管理，涉及每个劳动者的切身利益。随着我国法律的不断完善，用人单位劳动标准如何合法、合理、合情地制定与管理，成为了用人单位劳动关系管理的关键。

知识点 3－2－1　劳动报酬

典型案例 3－2－1

2010 年，郭某受聘于厦门某公司，任市场开发总监一职，负责公司产品推广业务，与公司签订了为期 3 年的劳动合同。合同约定，郭某的工资每月8 000元，每周工作 5 天，每天工作 8 个小时，根据其工作业绩，公司给予相应的绩效奖励。2011 年上半年，由于公司不能兑现所承诺的绩效奖金，郭某以此为由向公司提出辞职，同时要求公司补偿 16 天双休日加班费、未休年假的年假补偿金等。

（资料来源：石润民，《劳动关系管理焦点实物百问百答》. 北京：经济科学出版社，2013。）

请问：郭某的主张能得到支持吗？

理论提示

工资是指用人单位根据国家有关规定或劳动合同的约定，以货币形式直接支付给劳动者的劳动报酬。根据《关于工资总额组成的规定》第4条规定，工资的主要形式有计时工资、计件工资、奖金、津贴和补贴、加班加点工资和特殊情况下的工资。实践中，用人单位与劳动者约定劳动报酬的主要形式有：①直接约定一个固定的工资数额；②仅约定基本工资；③具体列明基本工资、岗位工资、奖金、津贴、补贴等数额；④底薪加提成；⑤年薪制。[①]

解题点拨

由于《劳动合同》明确约定工资标准及工作时间，郭某可以以此证明双休日加班。此外，根据《职工带薪年休假条例》第5条第3款规定："单位确因工作需要不能安排职工休年休假的，经职工本人同意，可以不安排职工休年休假。对职工应休未休的年休假天数，单位应当按照该职工日工资收入的300%支付年休假工资报酬。"

从本案例可以看出，由于法律约定，劳动合同约定的本人工资标准是用人单位支付加班费和各种假期工资的依据，因此科学有效地设计工资结构对保障劳动报酬管理的灵活性和降低用工成本具有重要意义。此外，用人单位进行劳动报酬管理时还需注意表3-1列举的法律问题。

表3-1　进行劳动报酬管理必须注意的法律问题[②]

办理项目	重点注意事项
了解当地最低工资水平；与用人单位签订劳动合同，并在合同中明确工资水平	（1）最低工资的给付只包括劳动者正常工作条件下的劳动付出，非正常条件下的，如加班加点、各种津贴、福利待遇等均不属于最低工资的组成部分，不得计入最低工资 （2）如果用人单位不签订劳动合同，根据《劳动合同法》第82条规定，用人单位自用工之日起超过一个月未满一年未与劳动者订立书面劳动合同的，应当向劳动者每月支付二倍的工资。用人单位违反本法规定不与劳动者订立无固定期限劳动合同的，自应当订立无固定期限劳动合同之日起向劳动者每月支付二倍的工资 （3）如有试用期，劳动者要了解《劳动合同法》第20条的规定：劳动者在试用期的工资不得低于本单位相同岗位最低档工资的80%或者不得低于劳动合同约定工资的80%，并不得低于用人单位所在地的最低工资标准

① 石润民：《劳动关系管理焦点实物百问百答》，63页，北京：经济科学出版社，2013。
② 张颖：《工资构成、工资支付详解》，http：//www.110.com/ziliao/article-462784.html。

续表

办理项目	重点注意事项
工资中不包含的项目	（1）根据国务院发布的有关规定颁发的发明创造奖、自然科学奖、科学技术进步奖和支付的合理化建议、技术改进奖以及支付给运动员、教练员的奖金 （2）有关劳动保险和职工福利方面的各项费用 （3）有关离休、退休、退职人员待遇的各项支出 （4）劳动保护的各项支出 （5）稿费、讲课费及其他专门工作报酬 （6）出差伙食补助费、误餐补助、调动工作的旅费和安家费 （7）对自带工具、牲畜来企业工作职工所支付的工具、牲畜等的补偿费用 （8）实行租赁经营单位的承租人的风险性补偿收入 （9）对购买本企业股票和债券的职工所支付的股息（包括股金分红）和利息 （10）劳动合同制职工解除劳动合同时由企业支付的医疗补助费、生活补助费等 （11）因录用临时工而在工资以外向提供劳动力单位支付的手续费或管理费 （12）支付给家庭工人的加工费和按加工订货办法支付给承包单位的发包费用 （13）支付给参加企业劳动的在校学生的补贴 （14）计划生育独生子女补贴
用人单位无故克扣或者拖欠工资的救济措施	根据《劳动合同法》第85条及《违反〈中华人民共和国劳动法〉行政处罚办法》第6条的规定，对用人单位有克扣、拖欠劳动者工资、低于最低工资标准支付劳动报酬、安排加班不支付加班费的，由劳动行政部门责令限期支付劳动报酬、加班费或经济补偿；劳动报酬低于当地最低工资标准的，应当支付其差额部分；逾期不支付的，责令用人单位按应付金额50%以上100%以下的标准向劳动者加付赔偿金

➢ 知识点 3－2－2　工作时间和休息时间

典型案例 3－2－2

张某于2008年5月进入上海某餐饮公司工作，担任厨师，双方签订了为期3年的劳动合同。世博会期间，公司的生意非常红火，公司负责人宣布，根据业务需要实行以月为计算周期的“综合计算工时制”，即实行每日上午9时至晚上9时的12小时工作制，每周休息1日，集中生产、集中休息的作息制度。工作3个月后，张某及其同事仍没享受到公司安排的集中休息，万分疲惫，同时公司也没有支付加班费。最后公司员工选举张某为代言人，要求公司支付加班费。该公司以实行的是“综合计算工时制”，不给张某及其同事加班费。

请问：张某及其同事的请求是否合法？

理论提示

当前我国法律规定的工时制度主要有3种，即标准工时制、综合工时制和不定时工时制。劳动者每日工作8小时，每周工作40小时为标准工时制。综合计算工作时间是指用人单位因生产特点不能实行标准工时制度，且符合条件的经劳动保障行政部门批准实行以月、季、年等为周期，综合计算工作时间的一种工时形式。对于实行综合工时制的劳动者，综合计算周期内的总实际工作时间不应超过总法定标准工作时间，超过部分应视为延长工作时间并按《劳动法》的规定支付报酬，其中法定休假日安排劳动者工作的，按《劳动法》的规定支付报酬。而且，延长工作时间的小时数平均每月不得超过36小时。

解题点拨

用人单位要实行综合计算工时制的，应报送劳动行政部门履行一定的审批程序，同时《关于企业实行不定时工作制和综合计算工时制的审批办法》规定了实行综合计算工时制的主要有以下3种情况：①交通、铁路、邮电、水运、航空、渔业等行业中因工作性质特殊，需连续作业的职工；②地质及资源勘探、建筑、制盐、制糖、旅游等受季节和自然条件限制的行业的职工；③其他适合实行综合计算工时工作制的职工。本案例中的该公司并不能直接地认定为可以实施综合计算工时制的行业，也未履行法定审批程序，同时未采取集中休息、轮流调休等方式确保劳动者的休息、休假权利，因此，张某及其同事的主张合法。

➢ 知识点3－2－3　社会保险

典型案例3－2－3

2012年4月，柴某应聘成为某仪表公司的技术工人，在待遇方面，公司提出如果职工坚持要求办理社会保险，需从工资中每月扣除300多元。柴某觉得拿现金工资比自己不了解的社会保险实在，于是双方签订了3年的劳动合同，在合同中规定经双方协商公司对社会保险事宜不予负责。

2013年12月10日，柴某在工作过程中，由于不慎右手被机器压伤，随后，被送到医院接受治疗，花费了28 000万元医疗费，还落下九级伤残。该公司支付了6 000元后就不再同意赔偿。公司认为不负责社会保险是经双方协商同意，在劳动合同中已明确约定，柴某应为其自身的工伤负责。

请问：对于柴某的工伤，该仪表公司是否可以免责？

理论提示

《社会保险法》已于2011年7月1日正式实施，这是我国首次以立法形式确认社会保险制度的基本框架。社会保险是指国家通过立法，对劳动者在暂时或永久丧失劳动能力，或虽有劳动能力而无收入来源的情况下，给予一定的收入补偿，使之能够维持基本生活的保障制度。社会保险主要面对劳动者，也有个别国家面对全体国民。其项目一般包括养老保险、医疗保险、工伤保险、失业保险、生育保险等；其内容具有法定性，凡是法律规定范围内的用人单位和劳动者都应该严格按照固定的险种依法参加并足额缴纳社会保险费。此外，《劳动合同法》特别将社会保险列为劳动合同的必备条款，还规定，用人单位未依法为劳动者缴纳社会保险费的，劳动者有权解除劳动合同，并可要求支付经济补偿。

就工伤保险而言，对于各种用工形式的员工，企业都应该及时参加和缴纳工伤保险，尤其是建筑业、生产制造、煤矿业等工伤事故高发行业。参加工伤保险，能在一定程度上转移企业高额赔偿费用赔付的风险。

解题点拨

在本案中，柴某应聘成为某仪表公司的技术工人，柴某与该仪表公司之间存在劳动关系。根据《工伤保险条例》第62条，依照规定应当参加工伤保险而未参加工伤保险的用人单位职工发生工伤的，由该用人单位按照本条例规定的工伤保险待遇项目和标准支付费用，并由社会保险行政部门责令限期参加，补缴应当缴纳的工伤保险费，并自欠缴之日起，按日加收万分之五的滞纳金。

根据相关法律，职工因工受伤应该享受工伤保险待遇，即使该仪表公司跟柴某约定不缴纳社会保险费，也不能对抗国家强制性法律规定，不能免除用人单位缴纳社会保险的法定义务和其应该承担的相应义务。因此，本案中，柴某的工伤，仪表公司并不能免责。

➢ 知识点 3 -2 -4　劳动安全和劳动保护

典型案例 3 -2 -4

杨某于 2008 年 12 月进入某贸易公司工作，双方建立劳动关系并签订劳动合同。劳动合同约定合同终止期限为 2011 年 2 月，月工资为 6 000 元。2010 年 8 月，杨某在工作时遭到同事意外撞击，导致先兆早产，后产下一婴。杨某受到的伤害被认定为工伤，该贸易公司在承担支付工伤待遇的责任后，以杨某“超生”为由，在 2010 年 10 月与杨某解除劳动关系。

（资料来源：员工违反计划生育政策单位能否解除劳动合同，http：//blog. sina. com. cn/s/blog_ 49a963b10101dcx9. html。）

请问：该贸易公司能否以杨某违反计划生育政策为由解除劳动合同?

理论提示

对女职工实行特殊保护，是世界各国立法的普遍取向。女职工因其身体结构和生理特征，往往在劳动和工作中遇到一些特殊的困难，同时还承担着生育和抚育婴幼儿的天职，各国劳动法律、法规因此都给予女性劳动者特别的福利和关怀。具体而言，我国法律法规在以下几个方面对女职工进行了特殊保护：

（1）注重女职工禁忌从事的劳动，合理安排女职工岗位，这一方面在《劳动法》第 59 条和《女职工劳动保护特别规定》中有详细规定；

（2）注重女职工“四期”（经期、孕期、产期和哺乳期）特殊劳动保护，妥善安排“四期”劳动；

（3）法律、法规在女职工解除或终止劳动合同的法定例外。如《女职工劳动保护特别规定》第 5 条规定，用人单位不得因女职工怀孕、生育、哺乳降低其工资、予以辞退、与其解除劳动或者聘用合同。

解题点拨

本案中杨某计划外生育行为属于违法行为，但没有违反刑事法律，应当按照国家的现行法律法规由相关职能部门责罚，用人单位不能据此解除劳动关系。用人单位提出与杨某解除劳动关系时，杨某处在哺乳期，哺乳期的女性职工一般不得解除劳动关系，尽管其计划外生育属于违法，但该公司与其解除劳动关系并无法律依据。

➤ 知识点 3－2－5　外籍员工的用工管理

典型案例 3－2－5

佐依来自加拿大，在北京的一家大型工程公司担任设计总监，薪酬标准跻身“金领”阶层。双方签有劳动合同，但佐依未办理相关的就业证件。后因设计和经营理念与公司高层出现分歧，佐依递上一纸辞呈，双方不欢而散。见公司未支付任何补偿，佐依便聘请律师向公司提出确认劳动关系、索要解除劳动关系经济补偿金的主张。

（资料来源：五个案例解读劳动争议司法解释（四）核心条款，http：//blog.sina. com. cn/s/blog_ 49a963b10101dlzg. html。）

请问：根据我国法律，佐依请求经济补偿金的主张是否能够得到支持？

理论提示

外国人，是指依照《中华人民共和国国籍法》规定，不具有中国国籍人员。外国人在中国就业，是指没有取得定居权的外国人，在中国境内依法从事社会劳动并获得劳动报酬的行为。随着经济全球化的加速和国内就业市场需求的拓充，在我国境内就业的外国人人数逐年增多，就业过程中产生的纠纷也逐步呈现。我国政府对外国人在中国的就业一直给予高度重视，从法规政策上对外国人在华就业进行适当的规制：一方面注重优先保障国内劳动者的充分就业、就业秩序和劳动者权益保障，另一方面也注重维护在华就业人员的劳动权益保障。具体而言，在中国就业的外国人必须办理就业手续；企业聘用外国人需报批；除特殊情况外，外国人得到许可证后方可就业；外国人的工资和福利待遇适用我国的法律。

解题点拨

《最高人民法院关于审理劳动争议案件适用法律若干问题的解释（四）》第 14 条规定，外国人、无国籍人未依法取得就业证件即与中国境内的用人单位签订劳动合同，以及香港特别行政区、澳门特别行政区和台湾地区居民未依法取得就业证件即与内地用人单位签订劳动合同，当事人请求确认与用人单位存在劳动关系的，人民法院不予支持；持有《外国专家证》并取得《外国专家来华工作许可证》的外国人，与中国境内的用人单位建立用工关系的，可以认定为劳动关系。

本案例中，佐依虽与公司签有劳动合同，但因未依法取得外国人在我国境内就业的相关证件，故佐依提出的双方存在劳动关系的主张无法得到法院支持，解除劳动关系经济补偿金的获取因需建立在劳动关系的基础之上，故佐依的该项请求也无法得到支持。

拓展阅读

劳动标准的制定与管理在实际操作中具有很强的技术性、实践性和应用性。详细内容请参考下列文献：

安鸿章，余刘军．现代企业劳动定额定员管理与标准化．北京：中国劳动社会保障出版社，2008.

第三节 集体劳动关系管理

2009 年 8 月发生的通钢事件和林钢事件，2010 年夏季发生的以南海本田事件为代表的罢工潮等诸多集体行动事件，集中体现了中国工人市场化劳工意识的提升，具体表现在劳动者以自发的团结的集体行动，来提出自己的诉求和争取自己的利益。在此背景下，集体劳动关系管理的重要性也日益凸显。本节中，您将了解我国的集体协商制度、集体合同制度以及三方协商机制。

知识点 3－3－1 集体协商和集体合同概述

典型案例 3－3－1

2014—2015 年，厦门市政府将力争用两年时间，在全市各类企业中普遍建立工资集体协商制度，已建工会的企业普遍签订集体合同。其中，已建工会的 100 人以上企业及世界 500 强企业，单独建立工资集体协商制度。对未建工会的企业，各级人力资源社会保障行政部门将支持工会，通过区域性、行业性工资集体合同予以覆盖。今后，厦门市将每年3月份确定为全市工资集体协商“要约行动月”。各区、各有关部门要按照《福建省企业集体协商和集体合同条例》的规定，积极引导企业和企业工会开展工资集体协商“要约行动”。基层工会要主动提出协商要约，上级工会要帮助指导基层工会依法行使要约权。对未开展工资集体协商的企业，由各区工会或产业工会通过发送特别提示函等形式督促推动。此外，厦门市还将加强对企业工资集体协商的分类指导。生产经营正常、经济效益较好的企业，应根据企业工资指导线协商确定年度职工工资增长幅度。生产经营困难的企业，应在不低于当地最低工资标准的前提下，协商确定本单位的最低工资标准。实行计件工资的企业，重点协商劳动定额和计件单价，确保本单位同岗位80%以上劳动者在法定工作时间内能够完成劳动定额，并取得合理劳动报酬。

（资料来源：两年内建成厦企工资集体协商制，厦门日报，2014-02-18。）

请问：建立集体协商制度有何意义？

理论提示

集体协商也称平等协商，是指用人单位与职工方就签订集体合同以及其他与劳动关系有关的事项进行平等商谈的行为，是签订集体合同的法定程序。集体合同是指用人单位与职工方就劳动关系有关事项，通过平等协商签订的书面协议。只要双方的主体、程序及内容符合国家法律法规的相关规定，就具有法律效力。集体合同有效期限为1~3年。

集体合同制度是一项劳动法律制度，因此，集体协商签订集体合同的工作必须严格按照法律法规的要求进行。开展集体协商工作之前，需要从几个方面了解掌握相关法律法规。一是关于集体合同制度本身的法律法规；二是集体协商集体合同所涉及的劳动条件、劳动标准方面的法律法规。这两类法律法规又分别有不同的层次，包括国家级别的法律、行政法规以及各个地方的相关法律法规。当前，我国集体协商签订集体合同涉及的法律法规主要有《劳动法》《集体合同规定》《工会法》《劳动合同法》《工资集体协商试行办法》等，此外协商过程中还需要知晓1994年原劳动部发布的《工资支付暂行规定》、2004年1月原劳动和社会保障部发布的《最低工资规定》、1989年由国务院批准并于1990年1月由国家统计局发布的《关于工资总额组成的规定》、1997年原劳动部发布的《外商投资企业工资集体协商的几点意见》，以及中华全国总工会1998年发布的《工会参加工资集体协商的指导意见》等。

解题点拨

建立完善的集体谈判和集体合同制度，不仅是建立现代企业制度、调整企业劳动关系的内在要求，也是实现我国适应社会主义市场经济发展要求的劳动关系整体目标的重要举措，具体而言，其作用主要有以下几个方面：

1. 集体合同有助于维护劳动者的合法权益

在签订劳动合同时，单个劳动者处于弱势，不足以同用人单位相抗衡，难以争取到公平合理的劳动条件。由工会代表全体劳动者同用人单位签订集体合同，可以规定集体劳动条件，集体劳动条件是本单位内的最低个人劳动条件。因此，集体合同能够纠正和防止劳动合同对于劳动者的过分不公平，使之比较公平合理，也使劳资双方在实力上取得基本的平衡。同时，许多在劳动合同中难以涉及的职工整体利益问题，可通过集体合同进行约定，如企业工资水平的确定、劳动条件的改善、集体福利的提高等。根据工资方面的法律规定，用人单位在制定工资分配和工资支付制度时应当听取工会和职工代表大会的意见。

2. 集体合同制度有利于企业劳动关系的管理

在劳动合同的有效期内，如果企业经营状况和社会经济形势等因素发生了较大变化，可以通过集体合同的调整来保障劳动者的利益。根据《劳动法》的有关规定，用人单位需要裁减人员，应当征求全体职工意见。因此，在集体合同中明确规定这方面的内容，实际上是将经济性裁员规范化，有利于企业的稳定。此外，劳动关系的内容涉及方方面面，如果事无巨细均由劳动合同规定，那么每份劳动合同都将成为一本具有相当篇幅的小册子，订立一份劳动合同将成为一件很不容易的事情。通过集体合同对劳动关系的内容进行全面规定之后，劳动合同只需就单个劳动者的特殊情况做出规定即可，这样就会大大简化了劳动合同的内容，也会大大降低签订劳动合同的成本。由于集体合同和劳动合同具有上述作用，因此，集体合同被认为是劳动合同的“母合同”。

3. 集体合同有利于建设和谐的劳动关系

实行集体合同制度，在劳动关系的调整上可以在国家劳动法律法规的调整与劳动合同的调整中间增加集体合同的调整这一层次，实现对劳动关系的多方位、多层次调整。集体合同对劳动关系的调整，同一般的劳动法律法规相比，对不同企业劳动关系的针对性比较强，同时也有利于消除或弥补劳动合同存在的某些随意性，给企业劳动关系的调整提供了一种新机制，从而使企业劳动关系更和谐、更稳定、更巩固，更有利于促进企业发展。

4. 集体合同有利于促进经济发展和维护社会稳定

集体合同是协调、稳定劳动关系和维护正常的生产、经营和工作秩序的重要保证。一方面，实行集体合同制度，可以及时反映全体职工的意见和要求，争取用人单位的理解、支持并满足职工的合理要求，从而化解矛盾，协调、稳定双方的劳动关系，维护正常的生产、经营、工作秩序，促进生产发展，保障工作顺利进行。另一方面，集体合同的签订，可以使用人单位在既定的劳动条件基础之上组织生产经营；可以避免怠工、罢工等争议行为带来的经济损失；可以防止本行业的不正当竞争，使劳动条件趋于标准化，降低员工流动率；可以调动员工积极性，促进技术改进和生产发展。

5. 集体合同有利于弥补劳动立法的不足

一方面，劳动立法所规定的关于劳动者利益的标准属于最低标准，通过集体合同，可以对劳动者利益做出高于法定最低标准的约定，从而使劳动者利益保护的水平实际高于法定最低标准；另一方面，《劳动法》关于劳动者利益的规定，大多是原则性的、粗略的规定，在复杂的劳动关系下，难免有所疏漏，通过集体合同，可以在一定范围内就劳动利益和劳动关系协调的共性问题做出约定，从而具体地规范劳动关系，对劳动立法的不完备起到补充作用。

知识链接

集体协商工作总体方案设计

进行集体协商、签订集体合同的工作，是一项非常复杂且政策性很强的工作，需要制定周密的工作总体方案，以保证协商工作有步骤、有计划地进行。

一份集体协商工作的总体方案应该包括以下几方面的内容：

一、集体协商工作的总体设想

集体协商工作的总体设想包括本企业进行集体协商、签订集体合同工作的指导思想和目的，该项工作对于企业发展和职工权益保障的意义；进行集体协商工作的相关法律法规政策依据；本次集体协商签订集体合同工作的重点任务、基本原则和具体目标。

二、集体协商工作的具体程序安排

集体协商工作的具体程序安排包括企业进行集体协商、签订集体合同工作的阶段划分，各阶段工作的主要内容和进度要求。在制订计划时，需要注意与企业生产经营工作的协调安排，保证企业正常工作的进行与集体协商工作的有序展开；还应该考虑尽可能与企业职工代表大会的召开相衔接。此外，在每个阶段的时间安排上要留有余地。

三、集体协商工作的组织保障

为保证集体协商工作的顺利展开，必须提供组织保障。企业可以成立集体协商集体合同工作领导小组或协调小组，由企业行政方代表、工会组织以及职工代表参加，共同就集体协商工作的相关问题进行总体协调和沟通。

四、集体协商的前期准备安排

集体协商的前期准备安排一方面要做好相关法律法规政策以及与协商相关背景资料的搜集、查找；另一方面，则要做好职工意见要求的征集、整理工作。

五、集体协商争议处理预案

在制定集体协商工作方案时，应该预先考虑到有可能发生的各种问题，并针对可能发生的问题做好预案。

➢ 知识点 3－3－2　集体合同的协商与订立

典型案例 3－3－2

蔡某是某机械厂职工，近来听说厂里要签订集体合同，蔡某很关注，期望这份合同能改善他们的劳动条件等。集体合同起草完毕后，厂里的高管开了一次会，就通过了合同。随后就单方面把合同送交人力资源社会保障行政部门审查，同时把合同文本在厂里公布。蔡某看到后很失望，便向厂里领导反映情况，厂里给的答复是，这份集体合同是经厂领导和各部门主管协商一致签订的，厂里也有厂里的难处，希望员工能体谅一下，今年的集体合同已经签完，如果有什么不妥之处明年签订集体合同的时候再协调解决。蔡某和其他工人们见情况已经如此，合同已经签完，没有其他办法，只能作罢。过了几天，厂里接到通知，集体合同未通过，要求修改集体合同。

请问：该机械厂的集体合同为何需要修改？

理论提示

集体合同制度是市场经济条件下劳动关系主体双方自主协调的基本机制。

其订立需遵循法定程序。具体而言，有以下程序：

（1）集体协商代表的确定。签订集体合同应当采取集体协商的方式，而集体协商主要采取召开协商会议的形式。集体协商双方的代表人数应当对等，每方至少 3 个人，并各确定一名首席代表。职工一方的协商代表由本单位工会选派，未建立工会的，由本单位职工民主推荐，并经本单位半数以上职工同意。用人单位一方的协商代表由用人单位法定代表人指派，集体协商双方首席代表还可以书面委托本单位以外的专业人员作为本方协商代表。委托人数不得超过本方代表的1/3。

（2）集体协商的实施。任何一方均可就签订集体合同或专项集体合同以及相关事宜，以书面形式向对方提出进行集体协商的要求。一方提出进行集体协商要求的，另一方应当在收到集体协商要求之日起 20 日内以书面形式给予回应，无正当理由不得拒绝进行集体协商。集体协商会议由双方首席代表轮流主持，并按下列程序进行：一方首席代表提出协商的具体内容和要求，另一方首席代表就对方的要求做出回应；协商双方就商谈事项发表各自意见，开展充分讨论；双方首席代表归纳意见。达成一致的，应当形成集体合同草案或专项集体合同草案，由双方首席代表签字。集体协商未达成一致意见或出现事先未预料的问题时，经双方协商，可以中止协商。中止期限及下次协商的时间、地点、内容由双方商定，中止期限最长不超过 60 日。

（3）集体合同草案的审议。经双方协商代表协商一致的集体合同草案或专项集体合同草案应当提交职工代表大会或者全体职工讨论。职工代表大会或者全体职工讨论集体合同草案，应当有2/3 以上职工代表或者职工出席，且须经全体职工代表半数以上或者全体职工半数以上同意，草案方获通过。集体合同草案通过后，由集体协商双方首席代表签字。

（4）集体合同草案的审查与公布。集体合同签订后，应当自双方首席代表签字之日起 10 日内，由用人单位一方将文本一式三份报送劳动保障行政部门审查。劳动保障行政部门应当对报送的集体合同进行合法性审查，如有异议的，应当自收到文本之日起 15 日内将“审查意见书”送达双方协商代表。如果自收到文本之日起 15 日内未提出异议的，集体合同即行生效。用人单位与本单位职工就劳动保障行政部门提出异议的事项经集体协商重新签订集体合同的，用人单位应按规定再次将文本报送审查。集体合同生效后，由协商代表及时以适当的形式向本方全体人员公布。

解题点拨

本案中，该机械厂集体合同的建立在程序上未根据规定进行：首先，集体协商代表无职工代表或工会代表，而是通过高管决定的；其次，通过高管的会议确定的集体合同内容未与职工进行集体协商，剥夺了职工的权利；最后，集体合同未经过审议。因而，该机械厂的集体合同需要进行修改。

➢ 知识点 3-3-3 集体合同与劳动合同的关系

典型案例 3-3-3

2010 年 11 月，韩某到某公司工作，岗位为质检员，双方约定工资为每月 1 500 元，未签订劳动合同，随后公司为韩某涨了一次工资。2012 年 10 月，韩某以工资太低为由申请离职，该公司同意其离职，但未与韩某结清 2012 年 9—10 月的工资，后韩某要求该公司支付拖欠工资、未签订劳动合同的经济补偿金等。该公司以经过职工代表大会审议并到劳动行政部门备案的集体劳动合同中规定，所有新入职员工应遵守集体劳动合同，因而不能以未与韩某签订劳动合同为由支付经济补偿金。

（资料来源：集体合同上签字能否代替签订劳动合同？http：//www.civillaw.com.cn/Article/default.asp？id=57666。）

请问：该公司能否用集体合同代替其与韩某签订的劳动合同？

理论提示

集体合同与劳动合同之间既有区别又有联系，集体合同是在劳动合同基础之上产生和发展的，先存在个体的劳动合同，后才有关于集体的集体合同。从内容效力而言，集体合同是劳动合同的基本底限约束。但集体合同和劳动合同有明显区别，具体表现为：

（1）签订的目的不同。集体合同是为了维护用人单位劳动者的整体合法权益，调整和改善群体劳动关系，促进用人单位和该单位劳动者全体的共同发展；签订劳动合同的目的在于确定劳动者和用人单位双方之间的权利义务关系。

（2）签订主体不同。集体合同双方当事人一方是用人单位，另一方则是以工会或职工代表为代表的全体职工；劳动合同双方当事人一方也是用人单位，但另一方则是劳动者个人。

（3）合同内容不同。集体合同内容复杂，它是从全体职工利益出发，以整体利益为标准，涉及改进劳动组织、改善劳动条件和提高职工福利待遇等方面；而劳动合同则以个人利益为标准，其内容仅涉及个人。

（4）产生的效力不同。依据现有法律法规的规定，集体合同的效力要高于劳动合同，当劳动合同和集体合同冲突时，优先适用集体合同。

（5）合同的产生方式不同。集体合同是由工会代表或职工代表，代表全体职工同用人单位经过充分协商，并提交职工代表大会或全体职工讨论通过后才能形成，而劳动合同只要由职工个人与用人单位协商一致后就可以了。

（6）期限不同。集体合同的期限一般为1年，最长不超过3年。而劳动合同却分为固定期限、无固定期限和以完成一定工作任务为期限3种。由此可见，集体合同和劳动合同之间有着很大的区别，两者是不能替代的。

解题点拨

《劳动合同法》第55条规定：“集体合同中劳动报酬和劳动条件等标准不得低于当地人民政府规定的最低标准；用人单位与劳动者订立的劳动合同中劳动报酬和劳动条件等标准不得低于集体合同规定的标准。”因此，集体合同不能代替个人劳动合同。本案中，该公司的集体合同从生效要件来说，符合集体合同的订立程序，内容也合法，该公司的集体合同是合法有效的。但需要明确的是集体合同可以是个人合同的补充，但不能替代个人劳动合同。该公司未与韩某签订劳动合同，应该支付相应的经济补偿金。

知识链接

集体合同的变更、解除和终止

集体合同的变更，是指双方当事人在集体合同没有履行或虽已开始履行但尚未完全履行之前，因订立集体合同的主客观条件发生了变化，依照法律规定的条件与程序，对原合同中的部分条款进行修改、补充的法律行为；集体合同的解除，是指集体合同依法签订后，未履行完之前，由于某种原因导致当事人一方或双方提前终止集体合同的法律效力，停止履行双方劳动权利义务关系的法律行为。

集体合同的终止，是指双方当事人约定的集体合同期满或者集体合同终止条件出现，以及集体合同一方当事人不存在，无法继续履行劳动合同时，立即终止劳动合同的法律效力。

一般而言，就集体合同的变更或者解除而言，可以分为约定变更和解除与法定变更和解除。

(1) 就约定变更和解除而言，根据原劳动和社会保障部于2004 年颁布的《集体合同规定》第39 条的规定，只需要双方意思表示一致即可以变更或者解除集体合同。

(2) 就法定变更和解除而言，根据原劳动和社会保障部于2004 年颁布的《集体合同规定》第40 条的规定，有下列情形之一的，可以变更或解除集体合同或专项集体合同：①用人单位因被兼并、解散、破产等原因，致使集体合同或专项集体合同无法履行的；②因不可抗力等原因致使集体合同或专项集体合同无法履行或部分无法履行的；③集体合同或专项集体合同约定的变更或解除条件出现的；④法律、法规、规章规定的其他情形。

此外，就变更和解除集体合同的程序而言，2004 年颁布的《集体合同规定》第41 条规定："变更或解除集体合同或专项集体合同适用本规定的集体协商程序。"集体合同的解除，是指集体合同依法签订后，未履行完前，由于某种原因导致当事人一方或双方提前终止集体合同的法律效力，停止履行双方劳动权利义务关系的法律行为。《集体合同规定》第38 条规定：集体合同或专项集体合同期限一般为1～3 年，期满或双方约定的终止条件出现，即行终止。集体合同或专项集体合同期满前3 个月内，任何一方均可向对方提出重新签订或续订的要求。

➢ 知识点3－3－4　三方协商机制

典型案例3－3－4

2010 年1 月，江苏某日资电池制造有限公司启动了电池制造二部后，陆续招用了包括李某在内的300 名女工从事现场操作，并签订了劳动合同。正常运转3 个月后，李某等新入职的300 名女工中多数人出现了头晕、恶心等症状。到当地的职业病防治医院进行例行检查后，得知这是由于电池制造中的某化学物质超标，造成化学物质中毒。随后，女工找到管理部要求解决，公司管理部在调查后发现主要原因在于供应商提供的原料出现异常，便告知女工公司正找供应商协商解决，希望女工安心工作。女工认为这是公司的缓兵之计，公司无意解决该问题，于是向当地劳动行政机关反映。此后，当地劳动局，会同当地总工会和以该公司为会长单位的电池制造企业联合会，就女工提出的问题进行协商。三方经过讨论和研究，认为原料化学物质超标是行业内涉及劳动关系的重大问题，决定就本地区该行业的职工健康情况进行普查，发现有类似的职业病，应严格按照《工伤保险条例》办理。另外，严令督促各家企业改进生产工艺，严把质量关，重视劳动安全卫生状况，并就相关安全卫生事项加强与职工的交流和沟通。

（资料来源：王桦宇，《劳动合同法实务操作与案例精解》，北京：中国法制出版社，2008。）

请问：该案例反映了集体劳动关系中的哪一种机制？

理论提示

“三方协商机制”是近百年来在西方发达国家逐步形成并推广的一种社会关系和企业劳资关系的协调机制。所谓三方，一方指以政府为代表的国家（在许多国家是由政府的劳动部、社会部或就业部作为国家的代表），另外两方是雇主（企业主、工厂主）和工人的代表，而工人通常是由工会作为其代表。“三方协商机制”在调解社会矛盾，解决劳资冲突方面发挥着重要作用。随着经济日益全球化，“三方协商机制”已推广到许多国家和地区，成为各国协调劳资关系、处理劳资纠纷的共同准则。我国作为国际劳工组织的成员国，无疑应当使劳动制度尽可能地与国际通行的制度接轨或靠拢。“三方协商机制”应当由三方组成，即由代表政府的劳动行政部门、代表职工的地方总工会和代表用人单位的企业代表组成（企业联合会、企业家协会、商会等）。三方协商机制，实际上是一种平等对话的机制。政府、企业组织和工会组织三方的职能不能替代，各有侧重并相互独立，相互没有隶属关系，切实代表基层组织和会员的利益。截至2006年年底，我国地级以上城市已经普遍建立了协调劳动关系的三方协商机制。需要注意的是，目前中国劳动关系的格局事实上与制度设计并不一致。在法律的意义上，劳方主体是由工会和劳动者共同组成的，但现实当中，中国的工会与劳动者是分离的。特别是近年以来“地方工会行政化”和“企业工会老板化”的现象愈益突出，工会与劳动者脱离的问题更加严重。

解题点拨

根据我国《工会法》第34条第2款规定，各级人民政府劳动行政部门应当会同同级工会和企业方代表，建立劳动关系三方协商机制，共同研究解决劳动关系方面的重大问题。这里的“重大问题”在现实生活中表现为劳动立法、相关政策的制定、劳动就业、工资水平、劳动条件、职业安全卫生等。在本案例中，由该电池制造有限公司引发的协商就是劳动条件、职业卫生以及对产业行为的规范与防范问题。案例中，通过政府部门和工会以及企业联合会在三方机制下认真协商和研究，最后找到解决问题的办法，促进了该地区、该行业劳动保护和职业安全卫生方面的工作，使得该厂乃至该行业的其他劳动者的合法权益得到了维护，促进了本地区和谐劳动关系的构建。

拓展阅读

劳动合同的变更、解除和终止是劳动关系管理中的常见问题，其法律适用与具体管理具有较大的难度，需要加以注意，详细请阅读：

(1) 翟业虎. 解除或终止劳动合同之经济补偿的实务研究. 人口与经济，2010 (S1).

(2) 中国人才编辑部. 因劳动合同解除引发的纠纷. 中国人才，2010 (1).

参考文献

[1] 王桦宇. 劳动合同法实务操作与案例精解. 北京：中国法制出版社，2008.

[2] 中国法制出版社. 最新劳动法律政策全书. 4版. 中国法制出版社，2013.

[3] 于桂兰，于楠. 劳动关系管理. 北京：清华大学出版社，北京交通大学出版社，2011.

[4] 陈维政，李贵卿，毛晓燕. 劳动关系管理. 北京：科学出版社，2010.

思考题

1. 试用期内用人单位是否可以随意约定工资？
2. 企业如何在法律允许的范围内保守商业秘密？
3. 未参加工伤保险的员工受伤后如何进行赔偿？
4. 集体合同与劳动合同二者之间的关系如何？

第四章 劳动争议处理

导　读

劳动争议是劳动关系当事人之间因劳动的权利与义务发生分歧而引起的争议。劳动争议协商、调解、仲裁、诉讼是用人单位与劳动者劳动关系存续期间或劳动关系解除、终止后解决权利义务纠纷的方式，也是化解劳动争议的基本方式。

自我国恢复劳动争议仲裁制度以来，我国在劳动保障立法领域先后颁布实施了《中华人民共和国劳动法》和《中华人民共和国企业劳动争议处理条例》（简称《企业劳动争议处理条例》），初步搭建了我国劳动争议基本制度平台，构建了以协商、调解、仲裁、诉讼为主线的劳动争议处理制度，实际上可以归纳为“一调一裁二审”制度。上述四种制度或处理方式对解决劳动争议、维护争议双方当事人合法权益发挥了重要作用。

按照“一调一裁二审”制度的体例，劳动争议发生后，当事人可以自行协商，也可以向用人单位设立的劳动争议调解委员会申请调解；调解不成，可以向劳动争议仲裁委员会申请仲裁；双方当事人不服劳动争议仲裁裁决可以依法向有管辖权的基层人民法院起诉（一裁终局的案件，用人单位向有管辖权中级人民法院申请撤销），人民法院审理劳动争议案件实行二级审判终审制。

随着我国经济体制以及人们法制观念的不断改变，以及市场化、信息化程度不断提高，劳动关系呈现复杂化、多样化趋势，原有的劳动关系调整和纠纷处理机制日益暴露出缺点与不适。《中华人民共和国劳动争议调解仲裁法》（简称《劳动争议调解仲裁法》）总结了过去的经验，对劳动争议制度进行了重大创新，重新调整了“一调一裁”制度，设立了部分案件一裁终局制度，为及时有效解决劳动争议纠纷提供了法律依据。

在本章的阅读里，您可以了解以下重要法律要点：

1. 劳动争议的基本法律概念；我国目前法律对于劳动争议范围以及劳动争议仲裁委员会受案范围的基本规定。

2. 协商是指劳动关系双方采取自治的方法解决纠纷，根据劳动争议当事人的合意或者团体协议，双方相互协商，最后通过协商解决争议。协商是劳动争议双方当事人化解矛盾的自主方式，也是预防劳动争议双方当事人矛盾进一步激化的有效措施。我国目前法律对于劳动争议协商主体、方式、时限以及和解协议效力等做了基本规定。

3. 调解是劳动争议双方当事人自愿申请，由调解组织在查清事实和分清责任的基础上，互相理解解决争议。调解是解决劳动争议基本的、重要的原则及方式之一，调解可以最大限度减低劳动争议双方当事人的对抗性，节约仲裁和诉讼资源。应该深刻理解我国法律对基层调解组织、调解程序、调解时限以及调解协议书效力等作出的特殊规定。

4. 劳动争议仲裁是劳动争议仲裁委员会根据劳动争议当事人一方或者双方的申请，依法就争议的事实和当事人应承担的法律责任所作出的判断和裁决活动。劳动争议仲裁是处理劳动争议的基本法律制度，需要掌握劳动争议仲裁管辖、时效、处理程序等规定，理解劳动争议仲裁前置程序、“一裁终局”等特殊规定。

5. 劳动争议诉讼是指当事人如果对劳动争议仲裁委员会的仲裁裁决（法律有特别规定的除外）或不予受理决定或者通知书不服，可以在规定时限内向有管辖权的基层人民法院依法起诉，由人民法院进行审判和裁决。法院审判是处理劳动争议的最后一道程序，应该特别掌握劳动争议仲裁和诉讼衔接的特殊规定。

学习目标

1. 了解　我国法律规定的劳动争议范围和劳动争议处理方式。
2. 理解　劳动争议协商、调解、仲裁等相关法律知识。
3. 掌握　劳动争议协商、调解、仲裁的实践运用。
4. 掌握　劳动争议案件诉讼制度的法律规定及其实践运用。

第一节　劳动争议概述

劳动争议是指劳动关系当事人之间因实现劳动权利与履行劳动义务发生分歧而引起的争议，又称劳动纠纷。其中，有的属于既定权利的争议，即因适用劳动法和劳动合同、集体合同的既定内容而发生的争议；有的属于要求新的权利而出现的争议，即因制定或变更劳动条件而发生的争议。

《劳动争议调解仲裁法》在坚持《劳动法》确立的基本原则前提下，对适用范围作出了和《劳动合同法》基本一致的规定，明确了中华人民共和国境内的用人单位和劳动者发生的劳动争议均适用，与原来的《企业劳动争议处理条例》相比，扩大了劳动争议案件的受理范围。本节阅读里，您可以了解到我国关于劳动争议及劳动争议受案范围的基本法律规定。

➢ 知识点 4-1-1　劳动争议和劳务纠纷

典型案例 4-1-1

王某 2012 年 1 月已经年满 62 周岁，已从甲汽车修理公司退休，每月领取 2 000 多元的退休金。由于王某身体状况好且技术熟练、经验较为丰富，2012 年 3 月，王某被同市的乙汽车修理公司高薪聘请担任技术部主管，双方签订了 1 年的聘用协议，约定王某每月报酬为税后人民币 20 000 元，聘用协议还对双方其他权利义务做了详细约定。王某工作至 2012 年 5 月时，乙汽车修理公司总经理认为王某技术和管理水平均达不到公司的要求，乙公司便以此为由下发正式通知，将王某的报酬自 2012 年 6 月起调整为税后 6 000 元，岗位调整为技术部技术工。王某认为乙汽车修理公司主张他技术和管理水平达不到要求毫无依据，对调薪和调岗决定也极其不满，认为自己的合法权益被乙公司严重侵害。2012 年 6 月 15 日，王某向乙公司所在地的 A 区劳动争议仲裁委员会申请仲裁，要求撤销乙公司的调薪和调岗通知，按聘用协议约定继续履行，每月支付技术部主管薪资税后报酬 20 000 元。

请问：王某和乙公司之间的争议是否属于劳动争议？A 区劳动争议仲裁委员会是否应该受理王某的仲裁申请？

理论提示

从目前的法律法规规定来看，我国现行立法将劳动争议当事人限于劳动关系双方当事人，判断双方当事人之间的纠纷是否属于劳动争议要衡量双方当事人之间是否已建立劳动关系（包括事实劳动关系，特殊规定除外）、争议的核心是否属于劳动法律法规调整范畴等要点。因为劳动争议有非常明显的法律特征：第一，劳动争议双方当事人是特定的，即一方是用人单位，另一方是劳动者，用人单位必须是符合《劳动合同法》第 2 条规定的主体，劳动者的适格主体必须是年满 16 周岁以上至法定退休年龄届满之日止的有劳动能力的人；第二，劳动争议主体双方必须存在劳动关系，争议双方存在劳动关系是劳动争议发生的前提和基础，除了确认劳动关系争议之外；第三，争议的内容必须与劳动权利和义务有关。目前我国各级劳动争议仲裁机构受理劳动争议案件的范围是以上述三大法律特征作为评定当事人之间的纠纷是否属于劳动争议的标准。

劳动争议和劳务纠纷区别的本质就在于劳动关系和劳务关系的区别。劳动关系和劳务关系概念相近，表现形式也极易混淆，都表现为一方提供劳动，另一方支付报酬，但是从整体分析，劳动关系和劳务关系区别很大，具体表现在：第一，主体不同。劳动关系一方必定是用人单位，另一方必定是劳动者；劳务关系双方是平等的主体，可能是自然人和法人之间的关系，也可能是自然人与自然人之间的关系。第二，人身隶属关系不同。劳动关系双方存在行政隶属关系，劳动者除了提供劳动之外，还要接受用人单位管理，服从其安排，遵守规章制度；劳务关系双方之间只有经济关系，一方提供劳务，另一方提供报酬，彼此之间没有行政隶属关系。第三，待遇不同。劳动关系中的劳动者有获得劳动报酬和社会保险等待遇，劳务关系中提供劳务一方只获得劳务报酬。第四，适用法律不同。劳动关系适用《劳动法》等劳动保障法律法规，而劳务关系则适用《合同法》等法律。第五，法律责任不同。劳动关系下不履行或者非法履行不仅产生民事责任，还有行政责任；劳务关系所产生的责任只有违约或者侵权责任。第六，处理方式不同。劳动关系当事人发生纠纷后，一般先向劳动争议仲裁委员会申请仲裁，不服仲裁裁决再向人民法院提起诉讼；劳务关系当事人发生纠纷可以直接向人民法院起诉，无需仲裁前置。

2010 年 9 月 14 日起施行的《最高人民法院关于审理劳动争议案件适用法律若干问题的解释（三）》第 7 条规定："用人单位与其招用的已经依法享受养老保险待遇或领取退休金的人员发生用工争议，向人民法院提起诉讼的，人民法院应当按劳务关系处理。"

解题点拨

本案中，王某是已经年满 60 周岁并已经享受退休待遇的人，从主体上分析，已经不是《劳动法》《劳动合同法》等法律规定的劳动者的适格主体。虽然王某和乙公司在自愿协商基础上签订了聘用协议并约定了双方的权利义务，但这份聘用协议的性质在法律上应属于劳务合同。结合上述分析，可以得知王某和乙公司之间的争议其实不属于劳动争议，而是劳务纠纷。因此，A区劳动争议仲裁委员会可以对王某的申请做出不予受理的决定，可让王某持不予受理的裁决书向人民法院提起诉讼，或者直接告知王某依法向有管辖权的人民法院提起诉讼。

➢ 知识点4-1-2　劳动能力鉴定争议

典型案例4-1-2

韩磊是某工厂的一名技术工人，2010年1月，用人单位与其签订了劳动合同，并为他办理了社会保险相关手续。2010年5月4日，韩磊在工作过程中由于不慎，左手遭电锯割伤，随即被送往医院进行救治。住院治疗过程中，用人单位向人力资源和社会保障部门提出工伤认定申请，人力资源和社会保障部门审查用人单位提交的相关证据材料后，根据《工伤保险条例》规定认定韩磊受到事故伤害属于工伤。经过治疗，韩磊的伤情渐渐稳定，但是由于受伤严重可能影响以后的劳动能力。于是韩磊向劳动能力鉴定委员会提出鉴定，并提供了《工伤认定决定书》和医疗有关资料，劳动能力鉴定委员会鉴定后认定韩磊的伤残达到九级，于是作出伤残等级鉴定结论，于2010年11月5日将结论送达韩磊。韩磊不接受劳动鉴定部门的鉴定结论。

请问：员工与劳动鉴定部门之间关于鉴定结论的争议是否属于劳动争议？如果对劳动鉴定部门出具的鉴定有异议，能否直接向当地法院提出诉讼？

理论提示

《工伤保险条例》规定，劳动能力鉴定委员会由劳动保障行政部门、人事行政部门、卫生行政部门、工会组织、经办机构代表以及用人单位代表组成。劳动能力鉴定委员会建立医疗卫生专家库。列入专家库的医疗卫生专业技术人员应当具备下列条件：

（1）具有医疗卫生高级专业技术职务的任职资格；

（2）掌握劳动能力鉴定的相关知识；

（3）具有良好的职业品德。

因此劳动能力的鉴定是具有专业性的工作，必须由具有鉴定资格的人员组成鉴定委员会进行。法院和劳动仲裁争议委员会只是法律的适用裁决机关，不能直接作出劳动能力鉴定。

《工伤保险条例》规定，申请人对设区的市级劳动能力鉴定委员会作出的鉴定结论不服的，可以向省、自治区、直辖市劳动能力鉴定委员会提出再次鉴定申请。省、自治区、直辖市劳动能力鉴定委员会作出的劳动能力鉴定结论为最终结论。对市级鉴定机关的鉴定结论不服的，可以向省级鉴定机关提出再次鉴定申请，省级机关的鉴定为最终鉴定，只能按照该鉴定的结论给予工伤待遇。

解题点拨

韩磊的问题应该是很多职工在经过工伤劳动能力鉴定后常常遇到的问题。实践中一些对于劳动能力鉴定不服的工伤职工，要么向劳动争议仲裁机构提出申请，要么直接向人民法院起诉，但是这两种做法都是不正确的。正确的做法应该是申请者从收到鉴定结论之日起15日内向省、自治区、直辖市劳动能力鉴定委员会提出再次鉴定的申请。实践中，也有部分劳动能力鉴定申请人因不服劳动能力鉴定委员会的最终结论而提出行政复议的，但是这同样不能得到法律的支持。因此，劳动者和劳动能力鉴定委员会关于鉴定结论的争议既不是劳动争议，也不是行政纠纷，不能向法院提起行政诉讼，类似起诉事项不属于人民法院的受案范围。

➢ 知识点4－1－3　企业改制争议

典型案例4－1－3

甲公司是国有企业，隶属于某市医药化工办。2012年1月，由于甲公司长期效益不佳，且员工富余，经市政府会议研究决定，对甲公司实施改制，出售国有股权，所有在册员工实行国有身份转换，解除劳动关系支付经济补偿金。会议结束后，某市医药化工办和甲公司组建改制小组，并按照法律规定制定职工安置方案。张某是富余职工，长期待岗，对于甲公司颁布实施的职工安置方案内容不满意，认为经济补偿金标准过低，不符合法律规定，于是向劳动争议仲裁委员会申请仲裁，劳动争议仲裁委员会以争议事项不属于劳动争议为由不予受理，张某又向法院提起诉讼。

请问：法院是否应当受理张某的起诉？

理论提示

企业改制包括企业的公司制改造、企业的兼并、企业的分立，等等。按发生的原因，有自主改制和非自主改制两种情形。企业改制必然涉及企业的劳动债权债务关系的处理。根据《最高人民法院关于审理与企业改制相关民事纠纷案件若干问题的规定》第 1 条“人民法院受理以下平等民事主体间在企业产权制度改造中发生的民事纠纷案件：（一）企业公司制改造中发生的民事纠纷；（二）企业股份合作制改造中发生的民事纠纷；（三）企业分立中发生的民事纠纷；（四）企业债权转股权纠纷；（五）企业出售合同纠纷；（六）企业兼并合同纠纷；（七）与企业改制相关的其他民事纠纷”以及《最高人民法院关于审理劳动争议案件适用法律若干问题的解释（三）》第 2 条规定“因企业自主进行改制引发的争议，人民法院应予受理”。对于因企业的自主改制发生的劳动争议，实践中认定为平等民事主体之间发生的民事纠纷，属于人民法院民事案件的受案范围。对于在政府主导或指令下进行改制的企业发生的劳动争议的性质认定及处理，由于人民法院受理的民事案件是平等民事主体之间发生的财产及人身纠纷，而在政府及其相关部门主导的企业改制中，当事人之间的关系不是平等民事主体之间的关系，因此在政府主导的企业改制中发生的劳动争议，不属于人民法院的民事案件的受案范围。

解题点拨

本案中，张某对职工安置方案不满与甲公司产生的争议，是基于市政府主导进行的甲公司改制引起的，不属于平等主体之间的纠纷，因此张某应向政府及其相关部门申请解决，由于张某持劳动争议仲裁委员会出具的不予受理决定起诉，根据《最高人民法院关于审理劳动争议案件适用法律若干问题的解释（一）》第 2 条规定：“劳动争议仲裁委员会以当事人申请仲裁的事项不属于劳动争议为由，作出不予受理的书面裁决、决定或者通知，当事人不服，依法向人民法院起诉的，人民法院应当分别情况予以处理：（一）属于劳动争议案件的，应当受理；（二）虽不属于劳动争议案件，但属于人民法院主管的其他案件，应当依法受理。”因此，本案中法院可以不受理张某的起诉，但如果已经受理，应以裁定的形式驳回张某起诉。

➢ 知识点 4－1－4　特殊身份人员的劳动争议

典型案例 4－1－4

加拿大籍公民皮特，在某市生活了 8 年。2012 年 6 月，他被一家西餐厅

（个体工商户）直接聘用担任西餐总厨师，月工资人民币 20 000 元。2012 年 10 月，餐厅老板曹某宣布解除与皮特的聘用关系，因为皮特做的菜色没有给餐厅经营带来改变。到解除聘用关系时，餐厅还有 9—10 月的工资没有支付。皮特和曹某多次协商均无果。同年 12 月，皮特向该市劳动争议仲裁委员会申请劳动争议仲裁，要求餐厅支付拖欠的工资并支付经济补偿金。该市劳动争议仲裁委员会经审查皮特提交的资料后认为，皮特主体不适格，作出不予受理通知书。皮特不服向基层人民法院提起诉讼。

请问：该劳动争议仲裁委员会的做法是否正确？

理论提示

本规定所称外国人，指依照《中华人民共和国国籍法》规定不具有中国国籍的人员。本规定所称外国人在中国就业，指没有取得定居权的外国人在中国境内依法从事社会劳动并获取劳动报酬的行为。《外国人在中国就业管理规定》第 5 条："用人单位聘用外国人须为该外国人申请就业许可，经获准并取得《中华人民共和国外国人就业许可证书》（以下简称《外国人就业许可证书》）后方可聘用。"第 34 条规定："禁止个体经济组织和公民个人聘用外国人。"最高人民法院《关于审理劳动争议案件适用法律若干问题的解释（四）》第 14 条规定："外国人、无国籍人未依法取得就业证件即与中国境内的用人单位签订劳动合同，以及香港特别行政区、澳门特别行政区和台湾地区居民未依法取得就业证件即与内地用人单位签订劳动合同，当事人请求确认与用人单位存在劳动关系的，人民法院不予支持。持有《外国专家证》并取得《外国专家来华工作许可证》的外国人，与中国境内的用人单位建立用工关系的，可以认定为劳动关系。"

解题点拨

本案中，曹某开的西餐厅是个体工商户，属于个体经济组织，是不能聘用外国人的，因此双方之间没有劳动关系，不属于《劳动争议调解仲裁法》规定的适格争议主体，该仲裁委员会的做法是正确的。即使不是个体工商户，由于皮特没有办理《外国人就业许可证书》，和用人单位之间的用工关系亦不会被认定为劳动关系。

➢ 知识点 4－1－5　劳动争议受案范围

典型案例 4－1－5

李某 2011 年 1 月通过人才市场招聘会应聘进入某市从事生产制造的 A 公司，担任机台操作工。2011 年 2 月，李某在工作过程中由于违反操作规范戳伤了右手手掌，经 A 公司送至医院治疗后伤情稳定出院。A 公司已为李某办理工伤保险，并已申请工伤认定。A 公司随后又为李某申请了劳动能力鉴定，经鉴定，李某伤情达到九级伤残。李某经咨询后知悉，按照法律规定其可以享受一次性伤残补助金等工伤保险待遇，于是向 A 公司人力资源部提出支付工伤待遇的诉求。A 公司人力资源部告知李某，一次件伤残补助金不是由公司承担的，是由工伤保险基金支付，应该由社会保险经办机构负责发放，A 公司不承担这笔费用。李某于 2011 年 12 月到市社会劳动保险管理中心主张支付工伤待遇，被市社会劳动保险管理中心拒绝。李某心生怨气，在次日直接到市劳动争议仲裁委员会以市社会劳动保险管理中心为被申请人申请仲裁，要求市社会劳动保险管理中心支付工伤费用。

请问：李某的仲裁申请是否属于劳动争议受案范围？

理论提示

劳动争议受案范围是指可以作为劳动争议仲裁委员会、人民法院列为劳动争议的案件，并依据劳动争议仲裁法律法规进行实体审理，可以确定双方当事人权利义务的案件。其前提必须是劳动争议，不属于劳动争议的，劳动争议仲裁委员会可以不予受理。我国现行的《劳动争议调解仲裁法》和《最高人民法院关于审理劳动争议案件适用法律若干问题的解释（二）》对劳动争议受案范围作了明确规定。《劳动争议调解仲裁法》第 2 条规定："中华人民共和国境内的用人单位与劳动者发生的下列劳动争议，适用本法：（一）因确认劳动关系发生的争议；（二）因订立、履行、变更、解除和终止劳动合同发生的争议；（三）因除名、辞退和辞职、离职发生的争议；（四）因工作时间、休息休假、社会保险、福利、培训以及劳动保护发生的争议；（五）因劳动报酬、工伤医疗费、经济补偿或者赔偿金等发生的争议；（六）法律、法规规定的其他劳动争议。"前述五项争议相对比较明确，第六项规定属于立法弹性规定，其他争议主要包括因签订、履行集体劳动合同发生的争议。

特别需要注意的是，《劳动合同法》第93条规定：“对不具备合法经营资格的用人单位的违法犯罪行为，依法追究法律责任；劳动者已经付出劳动的，该单位或者出资人应当依照本法有关规定向劳动者支付劳动报酬、经济补偿、赔偿金；给劳动者造成损害的，应当承担赔偿责任。”因此，非法用工单位与劳动者之间的权利义务争议也属于劳动争议。同时，根据《最高人民法院关于审理劳动争议案件适用法律若干问题的解释（二）》规定，劳动者和用人单位解除或终止劳动关系后，请求用人单位返还其收取的劳动合同定金、保证金、押金产生的争议，或者办理劳动者的人事档案、社会保险关系转移手续产生的争议也属于劳动争议。

《最高人民法院关于审理劳动争议案件适用法律若干问题的解释（二）》第7条规定：“下列纠纷不属于劳动争议：（一）劳动者请求社会保险经办机构发放社会保险金的纠纷；（二）劳动者与用人单位因住房制度改革产生的公有住房转让纠纷；（三）劳动者对劳动能力鉴定委员会的伤残等级鉴定结论或者对职业病诊断鉴定委员会的职业病诊断鉴定结论的异议纠纷；（四）家庭或者个人与家政服务人员之间的纠纷；（五）个体工匠与帮工、学徒之间的纠纷；（六）农村承包经营户与受雇人之间的纠纷。”

解题点拨

本案中，争议的双方当事人是李某和社会保险经办机构，双方之间实际上并没有建立劳动关系，主体上社会保险经办机构不是李某的用人单位，而是接受社会保险行政部门委托具体行使社会保险管理等职能的机构，因此李某以社会保险经办机构为被申请人主张权利不属于劳动争议，而是行政纠纷。该市劳动争议仲裁委员会有权以双方之间的争议不属于劳动争议受案范围作出不予受理决定。

拓展阅读

劳动合同在解决劳动争议中意义重大，请参阅下面的文献，进一步了解劳动合同相关知识。

梁硕南. 劳动合同甲方乙方. 北京：中国法制出版社，2009.

第二节　劳动争议协商

劳动争议协商是指劳动者和用人单位为解决劳动争议，本着平等自愿、互相理解、解决问题的原则，充分认清事实、辨明是非、化解矛盾的过程。协商作为解决劳动争议的重要方式，是化解劳动争议双方当事人矛盾的首选方式，在劳动关系管理实务中发挥着不可替代的作用，贯穿于劳动争议处理的整个过程。《劳动法》《劳动争议调解仲裁法》和《企业劳动争议协商调解规定》都规定了劳动争议协商制度。在本节的阅读里，您可以了解到具有中国特色的劳动争议协商的基本制度。

➢ 知识点 4－2－1　协商形式和程序

典型案例 4－2－1

A 公司是从事零售的连锁大型企业。2012 年 4 月 10 日，该公司位于某社区的分店因拖欠租金被房屋所有权人提前解除租赁协议，由于无法在短期内找到条件相近的经营场地，A 公司于 2012 年 4 月 20 日上午召开分店全体员工大会，并在会上宣布由于客观情况发生重大变化，将与全部分店员工解除劳动合同，公司支付一个月工资。员工听到 A 公司的决定后，情绪激动，要求见 A 公司领导。A 公司见有群体性纠纷的局势，决定临时召开紧急会议，最终决定由 A 公司副总经理杜某代表 A 公司谈判，同时向员工发出要求协商的通告。

请问：员工方可以采取哪些协商方式？

理论提示

《劳动争议调解仲裁法》第 4 条规定："发生劳动争议，劳动者可以与用人单位协商，也可以请工会或者第三方共同与用人单位协商，达成和解协议。"

《企业劳动争议协商调解规定》第 9 条："劳动者可以要求所在企业工会参与或者协助其与企业进行协商。工会也可以主动参与劳动争议的协商处理，维护劳动者合法权益。劳动者可以委托其他组织或者个人作为其代表进行协商。"

解题点拨

协商和解具有很强的自主性，协商可以有多种方式。本案中，A 公司提出协商，员工可以推举代表协商。如果 A 公司建立了工会，则员工可以要求工会参与协商。

➢ 知识点 4 -2 -2 协商时限

典型案例 4 -2 -2

谢小东是甲物业公司的保安，每天工作 12 小时，但是甲公司却没有按法律规定计算加班费。在入职半年后，谢小东向公司人力资源部提出了异议，要求甲公司补发加班费。甲公司认为公司的加班费已经在制度中规定固定支付，没有补发的必要，让谢小东回岗位继续工作。谢小东第二天提出书面意见，要求公司协商解决争议问题。过了半个月，公司才给予书面回应。

请问：甲公司行为是否视为同意协商？

理论提示

《企业劳动争议协商调解规定》第 10 条规定："一方当事人提出协商要求后，另一方当事人应当积极做出口头或者书面回应。5 日内不做出回应的，视为不愿协商。" 协商的期限由当事人书面约定，在约定的期限内没有达成一致的，视为协商不成。当事人可以书面约定延长期限。

解题点拨

本案中，谢小东在和甲公司发生了劳动争议之后，采取了积极主动的协商策略，但在谢小东提出书面协商要求后的 15 日才予以回应，超过了 5 日回应的基本期限，应视为不同意协商，但是如果谢小东在收到甲公司书面回应后，表示同意继续协商的，双方可以另外约定协商期限。

➢ 知识点 4 -2 -3 和解协议

典型案例 4 -2 -3

张娟娟是一名外资企业的销售主管，2011 年 12 月入职，月工资 8 000 元。

2013年4月，张娟娟因销售提成结算与公司产生分歧，向企业工会进行了反馈，并希望可以通过工会的帮助和企业进行协商。工会认真听取张娟娟的意见后，召集了公司总经理，并在充分协商后达成和解协议，大概内容如下：①公司在协议签订后10日内支付张娟娟提成款30 000元；②张娟娟收到款项后必须再为公司服务5年，如果服务未满5年，每少服务1年，向公司支付违约金5 000元。

请问：公司和张娟娟签订的和解协议是否具有法律效力？

理论提示

《企业劳动争议协商调解规定》第11条规定："协商达成一致，应当签订书面和解协议。和解协议对双方当事人具有约束力，当事人应当履行。"和解协议是争议双方当事人通过协商就解决争议达成的具有约束力的约定。和解协议一经签订，应当按照诚实信用原则充分履行和解协议确定的义务。和解协议显失公平或存在重大误解的，当事人可以申请撤销；和解协议违反法律法规强制性规定或排除劳动者权利的，应认定无效。

解题点拨

要判断张娟娟和公司签订的和解协议是否有法律效力，主要应判断签订和解协议是否是双方当事人真实意思表示、协议的内容是否违反法律强制性规定。公司和张娟娟达成结算提成款的协议，是张娟娟提供了正常劳动后应得的劳动报酬，但是公司以付款为条件要求张娟娟履行一定的服务期限，明显和《劳动合同法》的规定有冲突，因此该和解协议违反法律法规强制性规定的部分应属于无效约定，对当事人没有约束力。

拓展阅读

要做好劳动争议协商，监察员要有企业规章制度、薪酬管理、集体和融、集体协商方面的知识，下面的文献可以拓展这方面的知识。

周丽霞. HR全程法律顾问企业人力资源管理高效工业指南. 北京：中国法制出版社，2013.

第三节 劳动争议调解

调解是解决劳动争议基本的和重要的原则，在劳动争议处理过程中处于基础性地位，贯穿劳动争议仲裁或诉讼整个过程。1995 年 1 月 1 日实施的《劳动法》就明文规定，调解是解决劳动争议的基本方式之一。2008 年 5 月 1 日实施的《劳动争议调解仲裁法》，设立专章规定将调解作为处理劳动争议的基本原则和主要方式，突出强调了调解的作用，同时规定在仲裁程序中，仲裁庭在庭审过程及作出裁决前应先予调解。调解非常符合我国国情、民情，是民众易于接受的一种解决争议的方式。调解在国内外法学界被盛赞为法制建设上的“东方经验”。在本节的阅读里，你可以了解到当前我国的劳动争议调解基本制度。

➤ 知识点 4-3-1 调解委员会

典型案例 4-3-1

欣欣公司是某市高新技术产业示范企业，2009 年 1 月，公司根据员工的意愿和工会的建议，成立了劳动争议调解委员会。调解委员会总共有 5 人，人员构成如下：公司行政综合部经理 1 人、人力资源部经理 1 人、工会委员 2 人、职工民主推选的代表 1 人。公司指定行政部综合经理担任调解委员会主任。

请问：欣欣公司的劳动争议调解委员会组成是否合法？

理论提示

在我国，劳动争议调解主要分为两类，一类是劳动争议基层调解，另一类是行政、司法和准司法调解。劳动争议基层调解是指企业劳动争议调解委员会、基层人民调解组织，以及在乡镇、街道设立的劳动争议调解组织，依据《劳动争议调解仲裁法》规定，对用人单位和劳动者发生的劳动争议，以劳动法律法规为准绳，以当事人双方民主协商、调解人员建议等方式，使双方当事人达成协议，解决纠纷。行政、司法和准司法调解，主要是指劳动保障行政部门、人民法院、劳动争议仲裁委员会对劳动争议案件采取的相应调解。

《劳动争议调解仲裁法》规定的劳动争议基层调解组织主要包括：企业劳动争议调解委员会、基层人民调解组织，以及在乡镇、街道设立的劳动争议调解组织。劳动争议基层调解必须遵循自愿原则，是否向调解组织申请调解由当事人自己决定，对任何一方都不能强迫、威胁。在调解过程中，调解组织本身无决定权，劳动争议的解决主要依靠双方自愿，调解组织在调解过程中不能强行调解或勉强当事人调解达成协议，更不能包办代替。调解达成的协议，没有强制执行的法律效力。

《劳动争议调解仲裁法》第10条规定："企业劳动争议调解委员会由职工代表和企业代表组成。职工代表由工会成员担任或者由全体职工推举产生，企业代表由企业负责人指定。企业劳动争议调解委员会主任由工会成员或者双方推举的人员担任。"《企业劳动争议协商调解规定》第15条规定："调解委员会由劳动者代表和企业代表组成，人数由双方协商确定，双方人数应当对等。劳动者代表由工会委员会成员担任或者由全体劳动者推举产生，企业代表由企业负责人指定。调解委员会主任由工会委员会成员或者双方推举的人员担任。"

解题点拨

在本案中，欣欣公司的劳动争议调解委员会的组成人数为5个，企业代表2人，职工代表3人，人数并不对等，并且行政部经理是公司的代表，不是双方推举的人员，不能由公司指定担任劳动争议调解委员会主任，因此欣欣公司的劳动争议调解委员会组成不符合法律规定。

➢ 知识点4－3－2　调解协议和仲裁确认

典型案例4－3－2

王某（女）系A公司的策划部经理助理。2012年5月6日，王某产假期满，因希望多点时间照顾孩子，于2012年5月7日向公司申请哺乳假，人力资源部工作人员口头答复王某需要等领导研究后决定，并没有正式批准王某申请。2012年5月8日起，王某就没有到公司上班。2012年6月10日，公司支付了王某劳动合同约定的基本工资。2012年6月15日，公司以王某未办理任何请假手续连续旷工超过3日严重违反规章制度为由，下发解除劳动合同通知书给王某。王某认为公司虽然没有正式批准哺乳假，但是仍然支付了5月份工资，并且自己并不知道公司有连续旷工 3 日可以解除劳动合同的规定。王某向公司劳动争议调解委员会申请进行调解，要求公司撤销解除劳动合同通知，继续履行劳动合同并补发解除之日起至撤销解除劳动合同通知之日止的工资。调解委员会在调解过程中了解到，王某入职后，公司并没有对其进行过规章制度的培训，双方在调解员的主持下，达成如下调解协议：①王某认可公司的解除劳动合同行为；②公司支付王某 2 万元经济补偿金；③双方无其他争议。公司为了增强调解协议书的效力，由调解员——人力资源部经理到所在地的劳动争议仲裁委员会办理调解协议确认手续，将公司劳动争议调解委员会所作的调解协议书经确认制作成劳动争议仲裁委员会仲裁调解书，仲裁调解书内容和调解协议书内容相同，王某和公司均在送达回证上签字。事后，王某反悔，要求公司继续履行劳动合同，公司予以拒绝。王某不服，申请仲裁，请求事项与调解事项相同。

请问：该公司劳动争议调解委员会主持双方达成的调解协议是否合法？劳动争议仲裁委员会作出的仲裁调解书是否合法？

理论提示

《劳动争议调解仲裁法》第 14 条规定，经调解达成协议的，应当制作调解协议书。调解协议书是劳动争议双方当事人在劳动争议调解组织主持下依照法定程序自愿达成调解协议而制作的文书。依法制作的调解协议书具有三个法律属性：一是具有约束力，二是经仲裁确认后具有强制执行力，三是经司法确认后具有强制执行力。

《企业劳动争议协商调解规定》第 27 条规定：双方当事人可以自调解协议生效之日起 15 日内共同向仲裁委员会提出仲裁审查申请。仲裁委员会受理后，应当对调解协议进行审查，并根据《劳动人事争议仲裁办案规则》第 54 条规定，对程序和内容合法有效的调解协议，出具调解书。

解题点拨

本案中，调解协议书是双方当事人自愿达成的协议，是双方当事人的真实意思表示，协议约定的权利义务不违反法律法规强制性规定，也不存在排除劳动者权利的，应当认定有效。关于仲裁确认的效力问题，由于本案并不是双方共同向仲裁委员会申请，而是公司代表单方申请仲裁确认，因此仲裁确认在程序上不符合法律规定。本案劳动争议仲裁委员会正确的做法应该是受理王某的仲裁申请，正式立案，并依据王某和公司达成的调解协议书进行裁决。

拓展阅读

为了更好地理解本节内容，请阅读以下文献，进一步拓展相关知识。

娄秋琴，徐小媛. 这样做 HR 最有效最新企业劳动人事管理全书. 4 版. 北京：法律出版社，2013.

第四节 劳动争议仲裁

劳动争议仲裁是处理劳动争议的一项基本法律制度，世界上大多数市场经济国家都建立了劳动争议仲裁制度。《劳动争议调解仲裁法》按照合法、公正、及时的原则，进一步完善了我国劳动争议仲裁体制。在本节的阅读中，你可以了解到我国劳动争议仲裁制度和实务处理的基本规定。

知识点 4－4－1 劳动争议仲裁管辖

典型案例 4－4－1

邱某是外资企业 A 集团总公司工作年限超过 10 年的员工，A 集团位于甲市。邱某与 A 集团总公司签订的劳动合同约定，因履行劳动合同产生争议的，由甲市劳动争议仲裁委员会管辖。2009 年 9 月，邱某与 A 集团下属子公司 B 公司签订了两年固定期限的劳动合同，B 公司位于乙市。合同期满后，未办理合同终止等手续，2011 年 9 月邱某经 A 集团调动，又外派至位于丙市的下属子公司 C 公司担任高级项目经理，但工作地点在丁市。邱某与 C 公司签订了 1 年固定期限的劳动合同，劳动合同中约定，因履行劳动合同产生争议的，由 C 公司所在地劳动争议仲裁委员会管辖。2012 年 3 月，邱某因项目提成与 C 公司产生争议，想申请劳动争议仲裁。

请问：仲裁管辖是否可以约定？C 公司所在地劳动争议仲裁委员会是否有管辖权？哪个仲裁委员会可以受理邱某的仲裁申请？

理论提示

劳动争议仲裁管辖是划分各仲裁委员会之间受理案件的分工和权限的制度，

主要在于解决发生劳动争议后，当事人应该向哪个仲裁委员会申请仲裁，哪个仲裁委员会有权受理，避免多个劳动争议仲裁委员会之间相互推诿。《劳动争议调解仲裁法》规定劳动争议仲裁委员会负责管辖本区域内发生的劳动争议，这是一般地域管辖原则，由于《劳动争议调解仲裁法》中不再规定劳动争议仲裁委员会按行政区划层层设立，因此地域管辖也不按行政区域划分，管辖地域和行政区划可能重合，也可能不重合。除了一般地域管辖外，《劳动争议调解仲裁法》还确定了特别地域管辖。《劳动争议调解仲裁法》第 21 条规定："劳动争议由劳动合同履行地或者用人单位所在地的劳动争议仲裁委员会管辖。双方当事人分别向劳动合同履行地和用人单位所在地的劳动争议仲裁委员会申请仲裁的，由劳动合同履行地的劳动争议仲裁委员会管辖。"《劳动人事争议仲裁办案规则》第 12 条规定："劳动合同履行地为劳动者实际工作场所地，用人单位所在地为用人单位注册、登记地。用人单位未经注册、登记的，其出资人、开办单位或主管部门所在地为用人单位所在地。"我国劳动争议仲裁管辖以地域管辖为基本原则。一般情况下，劳动合同履行地与用人单位所在地是一致的，但也有用人单位在异地设立实际经营地点的情形，因此在管辖上，以劳动合同履行地优先管辖，方便当事人行使仲裁权利。

解题点拨

本案中，首先需要分析邱某劳动关系和哪个用人单位建立，虽然邱某与 A 集团公司签订了劳动合同，但是邱某对与 B 公司合同期满后调动到 C 公司，又与 C 公司签订劳动合同的行为未提出异议，因此邱某应该与 C 公司建立劳动关系，在 A 集团和 B 公司工作年限可连续计算为 C 公司的工作年限。虽然邱某和 C 公司之间约定了管辖的劳动争议仲裁委员会，但是依照法律规定，邱某的实际工作地点在丁市，即劳动合同履行地在丁市，所以双方之间关于争议解决的管辖在 C 公司所在地仲裁委员会。约定并不影响邱某向丁市劳动争议仲裁委员会申请仲裁的权利，而由于 C 公司住所地在丙市，作为用人单位所在地的劳动争议仲裁委员会依法也具有管辖权，只是丁市劳动争议仲裁委员会作为管辖机构更有利于邱某行使仲裁权利，因此具有优先管辖的权利。

➢ 知识点 4－4－2　劳动争议仲裁时效

典型案例 4－4－2

刘某 2007 年 10 月入职某科技公司，担任财务主管。由于该科技公司人力资源管理不规范，并没有和刘某签订书面劳动合同。2010 年 7 月，刘某提出辞职。2010 年 8 月，刘某即向劳动争议仲裁委员会申请仲裁，主张因公司未与其签订书面劳动合同，要支付 2008 年 2 月至 2010 年 7 月期间的两倍工资。公司答辩认为，根据法律规定，该两倍工资的请求已经超过仲裁时效，不能得到支持；王某则认为两倍工资属于劳动报酬，自己在离职后立即提出仲裁申请，并未超过仲裁时效。

请问：刘某的两倍工资仲裁请求是否能够得到支持？

理论提示

时效是指法律规定权利人在一定时间内可以行使或主张权利的时间，超过规定时间即丧失相关权利的期间。劳动争议仲裁时效是劳动争议当事人向劳动争议仲裁委员会提出仲裁请求的有效期限，劳动争议当事人在法定时间内不行使申请仲裁的权利，当时效届满，就丧失通过仲裁程序保护自身合法权益的权利。简而言之，超过仲裁时效即丧失胜诉权。《劳动法》第 82 条规定：提出仲裁要求的一方应当自劳动争议发生之日起 60 日内向劳动争议仲裁委员会提出书面申请。劳动部《关于贯彻执行〈中华人民共和国劳动法〉若干问题的意见》第 85 条规定："'劳动争议发生之日'是指当事人知道或者应当知道其权利被侵害之日。"《劳动争议调解仲裁法》第 27 条规定："劳动争议仲裁时效期间为一年。仲裁时效期间从当事人知道或者应当知道其权利被侵害之日起计算。"对拖欠劳动报酬的争议仲裁时效做了特殊规定，《劳动争议调解仲裁法》第 27 条第 4 款规定："劳动关系存续期间因拖欠劳动报酬发生争议的，劳动者申请仲裁不受第一条规定的仲裁时效期间的限制；但是，劳动关系终止的，应当自劳动关系终止之日起一年内提出"。

解题点拨

本案的焦点应该是未签订书面劳动合同的两倍工资如何计算仲裁时效。劳动争议仲裁时效分为一般时效和特殊时效。特殊时效适用于拖欠劳动报酬（自劳动关系终止之日起一年内提出）。其他劳动争议适用一般时效（自知道或者应当知道其权利被侵害之日起一年内提出）。未签订书面劳动合同的两倍工资中另一倍工资是否属于劳动报酬便成为能否适用特殊时效的关键。现在实务中劳动争议仲裁委员会和法院普遍支持的观点是：未签订书面劳动合同的两倍工资是因用人单位未按照法律规定与劳动者签订了劳动合同而产生的赔偿义务，并非是劳动者付出劳动而产生的支付报酬的义务。两倍工资不能因为名称为工资，就自然认定属于劳动报酬。两倍工资既然不属于劳动报酬，就不应该适用特殊时效，应当适用一般时效规定。本案中，刘某2008年2月工资发放之日起即应当知道公司未依法向其支付未签劳动合同的两倍工资，两倍工资的仲裁时效即开始起算。同时，根据《劳动合同法实施条例》第7条规定：用人单位自用工之日起满一年未与劳动者订立书面劳动合同的，自用工之日起满一个月的次日至满一年的前一日应当向劳动者每月支付两倍的工资。简单地说，劳动者申请用人单位支付两倍工资的期间，最多为11个月。因此，自2008年1月1日《劳动合同法》实施之日起，公司应最晚于2008年2月1日与刘某订立劳动合同，否则，应自2008年2月1日起每月支付刘某两倍工资直至2008年12月31日。刘某2010年8月才提出两倍工资的仲裁请求，且没有其他证据证明有法律规定的不可抗力等时效中断、中止的情形，显然已经超过法律规定一年的仲裁时效，无法得到支持。

➢ 知识点4－4－3 劳动争议举证责任分配

典型案例4－4－3

2009年5月，占小刚到某市开发区一家货运公司上班，担任司机，劳动合同期限为两年，合同约定工资标准为每月4 000元。2011年5月劳动合同期满时，货运公司依照法律规定支付了经济补偿金。在领取了经济补偿金后，占小刚认为，在两年工作期间内，公司经常安排自己加班加点，但是公司都没有支付加班费，于是主张货运公司要支付2009年5月至2011年5月的加班工资。货运公司认为，司机是特殊岗位，公司没有义务支付加班费。双方就此产生争议，占小刚向劳动争议仲裁委员会申请仲裁。在仲裁审理过程中，占小刚提供了劳动合同、工资条两份证据，货运公司提供了占小刚的考勤打卡记录和工资转账支付记录，考勤记录没有占小刚的签名。双方就加班事实是否存在以及是否支付加班工资展开了激烈争论。占小刚认为，加班工资的举证责任在货运公司，货运公司应当提供由其本人签字的考勤记录。货运公司则认为，考勤记录是电脑系统生成的，无需经过占小刚本人签字确认。

请问：本案的加班事实该由谁举证？仲裁委员会应该如何处理本案？

理论提示

劳动合同管理过程中，“强资本，弱劳动”是一个定律，用人单位总是处于强势地位，劳动者处于弱势地位，劳动者人身上有依附性。劳动争议举证责任分配应当充分考虑这种实质的不平等。《劳动争议调解仲裁法》第 6 条规定："发生劳动争议，当事人对自己提出的主张，有责任提供证据。"与争议事项有关的证据属于用人单位掌握管理的，用人单位应当提供；用人单位不提供的，应当承担不利后果。第 39 条规定："当事人提供的证据经查证属实的，仲裁庭应当将其作为认定事实的根据。劳动者无法提供由用人单位掌握管理的与仲裁请求有关的证据，仲裁庭可以要求用人单位在指定期限内提供。用人单位在指定期限内不提供的，应当承担不利后果。"所谓"不利后果"，可以参考《民事诉讼证据规则》第 75 条规定："有证据证明一方当事人持有证据无正当理由拒不提供，如果对方当事人主张该证据的内容不利于证据持有人，可以推定该主张成立。"《最高人民法院关于审理劳动争议案件适用法律若干问题的解释》第 13 条规定："因用人单位作出的开除、除名、辞退、解除劳动合同、减少劳动报酬、计算劳动者工作年限等决定而发生劳动争议的，用人单位负举证责任。"《最高人民法院关于审理劳动争议案件适用法律若干问题的解释（三）》第 9 条规定："劳动者主张加班费的，应当就加班事实的存在承担举证责任。但劳动者有证据证明用人单位掌握加班事实存在的证据，用人单位不提供的，由用人单位承担不利后果。"

解题点拨

加班费的举证问题是实务中争议较大的一个焦点。在我国，劳动争议举证责任分配问题主要在前述几个司法解释中规定。对于加班费的审理既要照顾到劳动者的弱势地位，又要维护用人单位的合法权益，不能单纯地实行举证责任倒置。劳动者主张加班费应当就加班事实举证，但考虑到劳动者举证条件和举证能力受限，对劳动者举证要求不能过于苛刻，应当适当减轻。只要劳动者有基本证据或者初步证据证明劳动关系存续期间有加班的事实，即可视为完成举证责任。不过不能过分僵化适用《劳动争议调解仲裁法》的规定，否则既不利于保护用人单位合法权益，也造成事实上的不公平。本案中，占小刚应当对加班事实存在承担举证责任，但占小刚仅仅提供了劳动合同和工资条，并没有其他证据证明加班事实的存在，因此应承担举证不利的法律后果。受理本案的劳动争议仲裁委员会可以依法驳回占小刚的仲裁请求。

➢ 知识点 4－4－4 先行裁决

典型案例 4－4－4

覃小军是 A 货运公司的搬货工人，2011 年 5 月，覃小军在搬货过程中被货物压倒，导致腰部受伤，被送到医院治疗两个月。期间，A 公司只支付了 1 万元医药费，其余医药费 4 万多元及护理费、伙食费都是覃小军亲属及朋友代垫。2011 年 11 月，覃小军申请了工伤认定，还没有进行劳动能力鉴定，便向劳动争议仲裁委员会申请仲裁，要求 A 公司先行支付医药费、护理费、误工费等，覃小军认为，自己先行垫付的费用事实很清楚，申请先行裁决。劳动争议仲裁委员会受理案件后，在被申请人答辩期限届满后，以劳动能力鉴定结论尚未作出为由，中止了案件的审理。

请问：对于覃小军的申请，劳动争议仲裁委员应该如何处理？

理论提示

劳动争议仲裁实践中存在这样的情况，案件审理已经进行一段时间，由于种种原因的限制，仲裁庭对于劳动争议仲裁申请人各项仲裁请求相关的事实，尚难以全部查清，不能一次对所有的仲裁请求作出裁决。为了防止仲裁过分迟延，及时保障当事人的合法权益，如果对一部分请求的相关事实已经查明，而且就这部分仲裁请求又需要尽快裁决，仲裁庭可以先就这部分作出裁决，其他仲裁请求待相关事实进一步查明后，通过后续裁决解决。就当事人的部分仲裁请求先行裁决后，整个案件并没有结束，只是仲裁庭的仲裁活动将集中在其他未决事项上。先行裁决是在仲裁权行使过程中先行作出的，因此，在对争议事项作最后裁决时，也不得对在部分裁决中的事项再进行裁决。另外，先行裁决与最后裁决的内容不能相互矛盾，而应保持一致。《劳动争议调解仲裁法》第 44 条规定："仲裁庭对追索劳动报酬、工伤医疗费、经济补偿或者赔偿金的案件，根据当事人的申请，可以裁决先予执行，移送人民法院执行。仲裁庭裁决先予执行的，应当符合下列条件：（一）当事人之间权利义务关系明确；（二）不先予执行将严重影响申请人的生活。劳动者申请先予执行的，可以不提供担保。"人力资源和社会保障部《劳动人事争议仲裁办案规则》第 48 条规定："仲裁庭裁决案件时，其中一部分事实已经清楚，可以就该部分先行裁决，当事人就该部分达成调解协议的，可以先行出具调解书。当事人对先行裁决不服的，可以依照调解仲裁法有关规定处理。”第50条规定：“仲裁庭对追索劳动报酬、工伤医疗费、经济补偿或者赔偿金的案件，根据当事人的申请，可以裁决先予执行，移送人民法院执行。”《劳动争议调解仲裁法》和《劳动人事争议仲裁办案规则》基本规定一致，体现了法律维护劳动者合法权益，及时解决纠纷，防止久拖不决的立法宗旨。

解题点拨

本案中，覃小军仅主张医疗费、护理费、误工费等赔偿项目，并没有主张一次性伤残补助金等工伤待遇，并且覃小军医疗费、护理费等均由其亲属或者朋友代垫，事实比较清楚，权利义务关系明确。作为劳动者因工负伤，没有收入且垫付了较大数额的费用后，必然造成生活困难。因此，本案中，劳动争议仲裁委员会在覃小军申请的情况下，以劳动能力鉴定结论未作出为由，中止审理本案显然不妥。劳动争议仲裁委员会正确的做法应该是就医疗费、护理费和误工费等进行先行裁决。

➢ 知识点4－4－5 “一裁终局”裁决

典型案例4－4－5

霍某是某公司的清洁工人，截至2007年12月，霍某在该公司连续工作已经10年，一直没有签订书面劳动合同。2008年1月1日，由于《劳动合同法》的实施，该公司统一与包括霍某在内的所有员工签订了1年的固定期限劳动合同，合同同时约定霍某月固定薪资为1 000元（当地最低工资标准）。2008年10月，该公司由于业务发展不好，实施减员增效，将非核心岗位尤其是保洁岗位的工种实行外包，由保洁公司承包，于是解除了霍某的劳动合同。霍某拿到了公司额外支付的1个月工资后认为，公司既没有按照法律规定和自己签订无固定期限劳动合同，在解除劳动合同时也没有根据本人实际工作年限支付经济补偿金，解除劳动合同的理由更是没有法律依据。于是，霍某向公司所在地的劳动争议仲裁委员会申请劳动争议仲裁，要求公司支付违法解除劳动合同的赔偿金。45天后，仲裁委员会依法作出裁决，裁决公司向霍某支付11年的经济补偿金共计11 000元，裁决书载明，本裁决为一裁终局裁决。霍某不服，向区人民法院提起诉讼。

请问：霍某是否可以起诉？公司不服裁决的，是否可以提起诉讼？如果不能提起诉讼，公司该如何寻求救济？

理论提示

一裁终局是指仲裁机构受理并经仲裁庭审的案件，一经仲裁庭裁决，该裁决即发生终局的法律效力，用人单位不能依法就同一纠纷向人民法院提起诉讼，也不能再向仲裁机构再申请仲裁。为了及时公正解决劳动争议，《劳动争议调解仲裁法》针对部分劳动争议案件久拖不决的顽疾，突破性规定了“一裁终局”。该法第 47 条规定了适用一裁终局的两类案件：第一类是追索劳动报酬、工伤医疗费、经济补偿或者赔偿金，不超过当地月最低工资标准 12 个月金额的争议；第二类是因执行国家的劳动标准，在工作时间、休息休假、社会保险等方面发生的争议。一裁终局是针对用人单位的，不是针对劳动者的，劳动者不服裁决的，仍然可以向有管辖权的人民法院依法提起诉讼。劳动者不服劳动争议仲裁裁决，向人民法院提起诉讼后，原仲裁裁决就处于效力待定状态。《劳动争议调解仲裁法》这样规定一方面保障了劳动者在不服仲裁结论基础上的司法救济权利，实际上仍然是“一裁两审”的劳动争议处理模式下的特殊规定。至于用人单位在“一裁终局”规定下的权利，仅仅限于在符合法律规定情形下，以程序不公正等法定事项向仲裁委员会所在地中级人民法院提起撤销之诉。这些法定情形是指《劳动争议调解仲裁法》第 49 条规定的：“（一）适用法律、法规确有错误的；（二）劳动争议仲裁委员会无管辖权的；（三）违反法定程序的；（四）裁决所根据的证据是伪造的；（五）对方当事人隐瞒了足以影响公正裁决的证据的；（六）仲裁员在仲裁该案时有索贿受贿、徇私舞弊、枉法裁决行为的。”

“一裁终局”争议较大的是“不超过当地月最低工资标准 12 个月金额”的认定，是以当事人仲裁请求数额为依据还是以仲裁机构最终裁决数额为依据；如果劳动者申请的请求是数项，在有数项裁决的情形下，是以数项之和还是分项计算数额为判断依据，《劳动争议调解仲裁法》并没有明确规定。《最高人民法院关于审理劳动争议案件适用法律若干问题的解释（三）》对此作出了规定，即只要仲裁裁决每项确定的数额均不超过当地月最低工资标准 12 个月的金额，就按照“一裁终局”处理。

另外，劳动者仲裁请求事项既有《劳动争议调解仲裁法》第 47 条规定的属于一裁终局的事项，同时还有《劳动争议调解仲裁法》第 50 条规定的非终局裁决事项，如确认劳动关系等，如何认定仲裁裁决性质，涉及当事人不同的救济途径。为此《最高人民法院关于审理劳动争议案件适用法律若干问题的解释（三）》第14条对此争议进行了规定，即劳动人事争议仲裁委员会作出的同一仲裁裁决同时包含终局裁决事项和非终局裁决事项，当事人不服该仲裁裁决向人民法院提起诉讼的，应当按照非终局裁决处理。

解题点拨

本案中劳动争议仲裁委员会的裁决结果不高于当地12个月最低工资标准，是符合《劳动争议调解仲裁法》第47条规定的“一裁终局”的情形的，但是裁决结果和霍某主张的仲裁请求明显不一致，霍某作为劳动者不服该裁决，当然享有向有管辖权的人民法院提起诉讼的权利。反之，公司不再享有对“一裁终局”裁决向基层人民法院提起诉讼的救济权利，该公司只能按照《劳动争议调解仲裁法》第49条规定，向劳动争议仲裁委员会所在地的中级人民法院申请撤销裁决。

拓展阅读

劳动争议仲裁是劳动争议处理中非常重要的部分，掌握劳动合同法相关的法律法规至关重要，请参阅下面文献进一步了解劳动合同法相关知识。

王桦宇.《劳动合同法实务操作与案例精解》，北京：中国法制出版社，2008.

第五节　劳动争议诉讼

劳动争议经过调解、仲裁后，必然有当事人寻求人民法院依照法律法规解决争议，而作为解决劳动争议的最后一道屏障，劳动争议诉讼与劳动争议仲裁之间存在诸多衔接关系，且程序和规定也比仲裁烦琐。在本节阅读当中，你会了解到当前我国劳动争议诉讼的基本制度。

知识点4－5－1　劳动争议诉讼管辖

典型案例4－5－1

小明是位于甲市A公司的一名中层销售管理人员，2010年1月与A公司签订了3年固定期限劳动合同，劳动合同约定小明工作地点在乙市。2012年6月，A公司因业务部门整合，将小明调动到丙市工作，负责丙市整体销售管理。2013年1月，A公司因为2012年度销售奖金提成计算和小明产生分歧，双方协商并经企业调解委员会调解，仍然无法达成和解协议，小明便向A公司所在地的甲市劳动争议仲裁委员会申请仲裁。经过1个月，劳动争议仲裁委员会裁决A公司支付小明提成奖金2 000元。小明不服，认为A公司在甲市有一定背景，裁决结果显然受到其他因素影响，想提起诉讼。

请问：小明如果提起诉讼，哪个基层法院具有管辖权？小明是否可以向丙市基层人民法院提起诉讼？

理论提示

劳动争议案件的诉讼是解决劳动争议的最后一个程序，也是对劳动争议的最终处理。劳动争议诉讼制度首先要解决人民法院对劳动争议案件的管辖。根据《最高人民法院关于审理劳动争议案件适用法律若干问题的解释（一）》第8条规定："劳动争议案件由用人单位所在地或合同履行地的基层人民法院管辖。劳动合同履行地不明确的，由用人单位所在地的基层人民法院管辖。"

解题点拨

本案中小明的用人单位A公司位于甲市，因此甲市的基层人民法院有管辖权。小明在乙市和丙市均有工作，因此劳动合同履行地为乙市和丙市，而发生争议之前最后一次劳动合同履行地是丙市，因此丙市基层人民法院作为劳动合同履行地的法院同样拥有管辖权，小明是可以向丙市基层人民法院提起诉讼的。

➢ 知识点4－5－2　劳动争议诉讼请求

典型案例4－5－2

王某和甲公司于2010年1月1日签订两年的固定期限劳动合同，约定王某月工资为3 000元，担任技术部经理助理。由于要配合技术部经理工作，王某经常在休息日和节假日加班。2011年12月，甲公司以劳动合同期限届满为由通知王某不再续签劳动合同，但没有支付王某经济补偿金。王某认为公司此举不当，于是申请劳动争议仲裁，要求甲公司支付经济补偿金6 000元。经过多方协调，双方未能达成调解。劳动争议仲裁委员会裁决甲公司支付王某经济补偿金6 000元。裁决书送达后，王某认为，自己平常经常加班，甲公司都没有支付加班费，心里越想越不平衡。于是，王某便向甲公司所在地的基层人民法院提起诉讼。

请问：王某的诉讼请求应该如何表述？法院一旦受理王某起诉，甲公司是否可以提出反诉？

理论提示

由于劳动争议案件实行诉讼前的“仲裁前置”程序，劳动争议当事人不服劳动争议裁决依法提起诉讼，在仲裁与诉讼衔接过程中，诉讼请求的就是裁诉衔接在程序和法律适用上最直接的体现。

对于增加了仲裁过程中没有提出的请求，人民法院原则上是不予受理的。但是根据《最高人民法院关于审理劳动争议案件适用法律若干问题的解释(一)》的第6条规定：“人民法院受理劳动争议案件后，当事人增加诉讼请求的，如该诉讼请求与讼争的劳动争议具有不可分性，应当合并审理；如属独立的劳动争议，应当告知当事人向劳动争议仲裁委员会申请仲裁。”因此，新增的诉讼请求是否合并审理，取决于是否与原仲裁事项基于同一法律关系或同一事实而产生。

对于减少诉讼请求，相对而言就比较复杂。理论上，减少诉讼请求是当事人对自己权利行使处分权的表现，人民法院无权干涉。对于不服仲裁裁决部分事项提起诉讼，却误以为仲裁裁决支持的请求事项不需要再次起诉，就属于错误减少诉讼请求。人民法院一般根据“不告不理”的原则，对减少的诉讼请求不进行审理，而支持减少的请求的仲裁裁决又没有发生法律效力，结果导致合法权益受损。《最高人民法院关于审理劳动争议案件适用法律若干问题的解释（一)》第17条规定：“劳动争议仲裁委员会作出仲裁裁决后，当事人对仲裁中的部分事项不服，依法向人民法院起诉的，劳动争议仲裁裁决不发生法律效力。”

对于劳动争议案件诉讼中，被告是否可以提起反诉，争议一直也比较大。没有统一的法律规定，地方性规定居多。在劳动争议实务中，由于反诉请求没有经过仲裁前置程序，并且劳动争议案件原告是不服劳动争议裁决起诉的，而被告提出的反诉不能达到抵消和吞并原告诉讼请求的法律目的，因此，一般反诉都不被受理。

解题点拨

本案中，王某要求用人单位支付经济补偿金的仲裁请求已经得到劳动争议仲裁委员会的支持，此时王某不服仲裁裁决提起诉讼，并希望增加要求用人单位支付加班费的诉讼请求，因此为了避免由于“不告不理”原则损害王某合法权益，王某的诉讼请求应该表述成：判令被告支付原告解除劳动合同经济补偿金 6 000 元；判令被告支付原告加班费×元；本案诉讼费用由被告承担。人民法院受理后，对增加的加班费的请求是否合并审理，就要看经济补偿金和加班费是否是基于同一法律关系和事实产生的。经济补偿金是因用人单位解除劳动合同的法律事实，基于劳动合同法律法规，用人单位应该承担的义务；加班费是劳动者在劳动关系存续期间，在延长的工作时间里提供了正常劳动，用人单位应该按照法律规定支付的劳动报酬。因此，加班费可以作为独立的仲裁请求，人民法院并不会合并审理。此案中，用人单位可以在收到裁决书之日起 15 日内向有管辖权的人民法院提起诉讼。超过起诉期，在劳动争议案件中提出反诉的，人民法院是不会受理的。

➤ 知识点 4－5－3　仲裁逾期裁决处理

典型案例 4－5－3

刘某 2009 年 9 月进入某市 A 物业管理公司担任保安，双方没有签订书面劳动合同。刘某每个月工资为 1 200 元，自 2010 年 1 月起工资调整为每月 1 700元。2011 年 3 月 20 日，物业公司将刘某辞退，刘某当天办理了交接手续后离职。刘某在职期间，每周工作 6 天，每天 8 个小时，但 A 公司没有计算加班费。于是刘某于 2011 年 4 月 11 日向某区劳动争议仲裁委员会申请仲裁，要求 A 公司支付劳动关系存续期间的休息日的加班费。该区劳动争议仲裁委员会于 2011 年 4 月 14 日正式立案受理，并安排 2011 年 5 月 11 日开庭。案件审理过程中，该区劳动争议仲裁委员会于 2011 年 5 月 6 日通知仲裁当事人延期开庭。2011 年 5 月底，案件正式开庭审理，但是直至 2011 年 7 月 11 日，案件仍未裁决，刘某多次到仲裁委经办仲裁员处询问结果，均被告知等待裁决结论。

请问：刘某该如何依法维护自己的权益？

理论提示

原《企业劳动争议处理条例》第32条规定："仲裁庭处理劳动争议，应当自组成仲裁庭之日起六十日内结束。案情复杂需要延期的，经报仲裁委员会批准，可以适当延期，但是延长的期限不得超过三十日。"从此条规定可以看出，原来劳动争议案件审理时限最长是90日，但是在大部分劳动争议案件实务处理中，案件审理不止90日的或久拖不决现象普遍存在。为了杜绝这种现象，《劳动争议调解仲裁法》缩短了审理时限的规定，该法第43条规定："仲裁庭裁决劳动争议案件，应当自劳动争议仲裁委员会受理仲裁申请之日起四十五日内结束。案情复杂需要延期的，经劳动争议仲裁委员会主任批准，可以延期并书面通知当事人，但是延长期限不得超过十五日。逾期未作出仲裁裁决的，当事人可以就该劳动争议事项向人民法院提起诉讼。"不过为了避免劳动争议案件当事人滥用逾期仲裁裁决起诉权利，人力资源和社会保障部《劳动人事争议仲裁办案规则》第46条规定："因出现案件处理依据不明确而请示有关机构，或者案件处理需要等待工伤认定、伤残等级鉴定、司法鉴定结论，公告送达以及其他需要中止仲裁审理的客观情形，经仲裁委员会主任批准，可以中止案件审理，并书面通知当事人。中止审理的客观情形消除后，仲裁庭应当恢复审理。"第47条规定："当事人因仲裁庭逾期未作出仲裁裁决而向人民法院提起诉讼的，仲裁委员会应当裁定该案件终止审理；当事人未就该争议事项向人民法院提起诉讼，并且双方当事人同意继续仲裁的，仲裁委员会可以继续处理并裁决。"为此，最高人民法院《关于审理劳动争议案件适用法律若干问题的解释（三）》第12条规定："劳动人事争议仲裁委员会逾期未作出受理决定或仲裁裁决，当事人直接提起诉讼的，人民法院应予受理，但申请仲裁的案件存在下列事由的除外：（一）移送管辖的；（二）正在送达或送达延误的；（三）等待另案诉讼结果、评残结论的；（四）正在等待劳动人事争议仲裁委员会开庭的；（五）启动鉴定程序或者委托其他部门调查取证的；（六）其他正当事由。当事人以劳动人事争议仲裁委员会逾期未作出仲裁裁决为由提起诉讼的，应当提交劳动人事争议仲裁委员会出具的受理通知书或者其他已接受仲裁申请的凭证或证明。"

解题点拨

本案中，刘某于2011年4月11日申请仲裁，劳动争议仲裁委员会于2011

年4月14日受理案件，最迟应该在2011年6月13日作出裁决，但是该仲裁委员会至2011年7月11日仍然未作出裁决，明显超过了法律规定的最长的60日的审限，并且本案中并没有法律规定的应当中止的情形或者司法解释规定的不能直接提起诉讼的情形，因此，本案刘某可以持劳动争议案件受理通知书直接向人民法院提起诉讼，维护自身合法权益，以避免劳动争议仲裁委员会久拖不决。

➢ 知识点4－5－4　劳动争议财产保全

典型案例4－5－4

代大卫2011年5月1日入职福建省某市甲科技公司，担任人力资源部经理，每月工资为5 000元。入职后，大卫与甲公司签订了5年的劳动合同，约定试用期为6个月。2011年10月8日，大卫收到甲公司的《通知函》，主要内容是：大卫在5个月试用期内表现不尽如人意，未能使公司人力资源管理程序有效运作，无法达到公司任职要求，以试用期内被证明不符合录用条件为由自通知下发之日终止试用，并要求大卫办理离职手续。大卫认为，公司并没有明确的录用条件，明显没有依据，于是在2011年10月31日，申请劳动争议仲裁，要求撤销甲公司的《通知函》，确认解除劳动合同行为违法，并要求甲公司继续履行劳动合同，支付自2011年10月8日起自恢复劳动关系之日止按每月5 000元标准支付的工资。经过仲裁，劳动争议仲裁委员会裁决确认甲公司解除合同行为违法，要求甲公司继续履行劳动合同，自2011年10月8日起至申请仲裁之日止按5 000元支付大卫工资，自2011年11月1日起甲公司按照某市同期最低工资标准支付大卫直至恢复劳动关系之日止的工资。甲公司和大卫均不服裁决，同时向区人民法院提起诉讼。甲公司由于市场发生重大变化，亏损严重，在起诉期间已经拖欠员工工资长达两个月。大卫认为自己权益没有什么保障，于是就考虑财产保全。

请问：劳动争议案件是否可以申请财产保全？如果可以，劳动者是否必须提供担保？

理论提示

财产保全，是指人民法院在利害关系人起诉前或者当事人起诉后，为保障将来的生效判决能够得到执行或者避免财产遭受损失，对当事人的财产或者争议的标的物，采取限制当事人处分的强制措施。《民事诉讼法》第100条规定："人民法院对于可能因当事人一方的行为或者其他原因，使判决难以执行或者造成当事人其他损害的案件，根据对方当事人的申请，可以裁定对其财产进行保全、责令其作出一定行为或者禁止其作出一定行为；当事人没有提出申请的，人民法院在必要时也可以裁定采取保全措施。人民法院采取保全措施，可以责令申请人提供担保，申请人不提供担保的，裁定驳回申请。人民法院接受申请后，对情况紧急的，必须在四十八小时内作出裁定；裁定采取保全措施的，应当立即开始执行。"

《最高人民法院关于审理劳动争议案件适用法律若干问题的解释（二）》第14条规定："在诉讼过程中，劳动者向人民法院申请采取财产保全措施，人民法院经审查认为申请人经济确有困难，或有证据证明用人单位存在欠薪逃匿可能的，应当减轻或者免除劳动者提供担保的义务，及时采取保全措施。"

解题点拨

劳动争议案件进入民事诉讼程序后，也是民事诉讼案件，同样适用《民事诉讼法》。在本案中，由于甲公司经营状况不佳，并且已经拖欠员工工资两个月，大卫为了避免日后生效裁决无法执行的情形，当然可以申请诉讼财产保全。至于是否提供担保或者如何提供担保，法律并没有直接规定劳动者不需要提供担保。劳动者不提供或者减轻提供担保附带两个条件：第一是经审查认为劳动者经济困难，第二是用人单位存在欠薪逃匿。条件择其一，不需同时具备。经济困难和认定欠薪逃匿以何为标准并没有明确规定，这也给实践操作带来一定争议。

➢ 知识点4－5－5　劳动争议诉讼追加当事人

典型案例4－5－5

林贝贝是厦门A办公用品公司的营销经理，2012年3月入职该公司，月基本工资2 000元，另加业绩提成，双方签订了6年的劳动合同。2012年7月，林贝贝被调到A公司在福州设立的分公司工作，负责福州片区的营销渠道和客户维护。2012年11月，林贝贝因一大客户被竞争对手挖走，导致当月业绩下降将近50%，引起公司不满，福州分公司于2012年12月6日以书面形式做出了一个扣工资的决定，主要内容为：由于林贝贝维护市场不力，造成业绩大幅下降，给公司造成了重大损失，决定扣减林贝贝 2012 年 11 月全月工资和业绩提成。林贝贝接到通知后，恼羞成怒，遂与分公司经理发生激烈争吵。在争吵过程中，分公司经理辱骂了林贝贝。林贝贝便于 2012 年 12 月 15 日向劳动争议仲裁委员会申请仲裁，以 A 公司福州分公司为被申请人，要求被申请人支付月基本工资 2 000 元和提成工资 4 000 元，并支付 100% 赔偿金 6 000 元，并要求被申请人赔礼道歉，支付精神损失费 5 000 元。仲裁委员会受理案件后，以申请人林贝贝和 A 公司福州分公司之间没有劳动关系为由，驳回林贝贝要求分公司支付工资和赔偿金的仲裁请求。林贝贝不服仲裁裁决，以分公司为被告向某区人民法院提起诉讼。人民法院经初步审查，发现林贝贝并没有和分公司签订劳动合同，如果以主体不适格为由驳回起诉也不利于劳动者的维权。

请问：林贝贝以及人民法院应该如何处理？

理论提示

劳动争议案件裁审衔接是一个争议较大的问题。除了诉讼请求外，裁审适格主体也是衔接的重点。《最高人民法院关于审理劳动争议案件适用法律若干问题的解释（三）》第 6 条规定："当事人不服劳动人事争议仲裁委员会作出的仲裁裁决，依法向人民法院提起诉讼，人民法院审查认为仲裁裁决遗漏了必须共同参加仲裁的当事人的，应当依法追加遗漏的人为诉讼当事人。被追加的当事人应当承担责任的，人民法院应当一并处理。"

解题点拨

对于已经作出的仲裁裁决遗漏了必须共同参加诉讼的当事人的，仲裁机构不能自行追加或经当事人申请追加后再次重新仲裁。当事人可依照《调解仲裁法》的规定，直接向人民法院提起诉讼后，经当事人申请或者依职权追加后一并参加诉讼。对于被追加的当事人应当承担责任的，人民法院就应当直接作出调解或依法判决其承担责任。由于本案中分公司是 A 公司设立的，分公司本身没有法人资格，并且本案林贝贝的劳动合同是和 A 公司签订的，分公司并没有作为分支机构用人单位与林贝贝建立劳动关系，但分公司的民事责任是由 A 公司承担。因此，林贝贝可以在诉讼中申请 A 公司作为被告参与诉讼，而受理该案的人民法院可以依职权追加 A 公司为诉讼当事人，并对 A 公司需要承担的责任一并作出处理。

拓展阅读

为了进一步了解劳动争议诉讼方面的相关知识，请参阅以下文献：

谢阳. 怎样做好HR 最新人力资源法律实务操作指引. 北京：法律出版社，2013.

第六节 集体合同争议及集体争议处理

《工会法》《劳动法》以及《劳动合同法》都规定了集体合同制度。集体合同是指企业职工与用人单位之间根据国家相关法律法规，就劳动标准、劳动报酬、工作时间、休息休假、社会保险、职业培训、劳动保护、安全生产等事项，在平等协商的基础上签订的全面的书面协议。在本节的阅读当中，你可以了解集体合同的基本概念、订立程序等基本规定。

➢ 知识点 4-6-1 集体合同签订

典型案例 4-6-1

甲公司与职工签订集体合同时，由于企业没有建立工会，因此甲公司自己挑选了9名职工作为代表，参与集体合同的协商和表决。但是，有一部分职工认为集体合同的职工代表应当代表职工利益，并由全体职工投票推选，因此，对此意见很大。但企业确定的9名职工还是根据甲公司事先制订的计划和甲公司展开了集体合同的谈判、协商。经过几轮磋商，职工代表与企业签订了集体合同，并报当地人力资源和社会保障部门备案。此后，有一部分员工向人力资源和社会保障部门提出异议，要求重新处理。

请问：人力资源和社会保障部门是否应当让甲公司重新签订集体合同？

理论提示

《劳动合同法》第51条规定："企业职工一方与用人单位通过平等协商，可以就劳动报酬、工作时间、休息休假、劳动安全卫生、保险福利等事项订立集体合同。集体合同草案应当提交职工代表大会或者全体职工讨论通过。集体合同由工会代表企业职工一方与用人单位订立；尚未建立工会的用人单位，由上级工会指导劳动者推举的代表与用人单位订立。”第54条规定：“集体合同订立后，应当报送劳动行政部门；劳动行政部门自收到集体合同文本之日起十五日内未提出异议的，集体合同即行生效。依法订立的集体合同对用人单位和劳动者具有约束力。行业性、区域性集体合同对当地本行业、本区域的用人单位和劳动者具有约束力。”

解题点拨

本案是用人单位集体合同订立过程中因程序不当引发的纠纷。由于集体合同实行用人单位和职工平等协商法定原则，因此，和用人单位协商的职工代表应该是可以代表全体职工意愿的。因此，用人单位擅自指定职工代表的做法本质上就是排除职工推举代表和用人单位协商的行为，是违反法律规定的。即便经过民主选举出的职工代表和企业就集体合同具体事项协商一致后，也只能是确定草案。之后，草案应当提交职工代表大会或者全体职工讨论，并经职工代表大会全体职工代表半数以上或者全职职工半数以上同意才能通过。可见，甲公司在签订集体合同中存在诸多不足之处，人力资源和社会保障部门应当要求甲公司和职工重新订立集体合同。

知识点4-6-2 个体劳动合同和集体劳动合同不一致

典型案例4-6-2

段某2008年9月入职A公司。2009年8月，A公司被收购资产，需要转型。A公司与段某协商后同意解除劳动合同，A公司的人力资源部在计算段某的经济补偿金时发现，段某和公司签订的劳动合同中约定的工资为1 100元，已经低于A公司集体合同约定的标准1 200元，A公司所在地的政府公布的最低工资标准为1 050元。段某知悉此情况后，立即向A公司负责人提出异议，认为A公司应当按照集体合同约定的标准，按照工作年限补差额并按照集体合同约定的工资标准计算经济补偿金。A公司认为，支付给段某的工资没有低于最低工资标准就不应该算违法，因此拒绝了段某的要求。于是，段某就此提起劳动争议仲裁。

请问：段某的主张是否应该得到支持？

理论提示

劳动合同约定的工资标准如果和集体合同约定的工资标准不一致的，要以哪个工资数额为标准，《劳动合同法》对此作出了明确规定。《劳动合同法》第55条规定：“集体合同中劳动报酬和劳动条件等标准不得低于当地人民政府规定的最低标准；用人单位与劳动者订立的劳动合同中劳动报酬和劳动条件等标准不得低于集体合同规定的标准。”换言之，集体合同在涉及员工切身利益的劳动报酬标准等事项上效力高于用人单位和劳动者签订的劳动合同。

解题点拨

本案中，A公司和段某劳动合同约定的工资虽然高于当地政府的最低工资标准，但是低于集体合同约定的工资标准，所以是存在违法行为的。应当按照集体合同约定的标准补足段某工资差额，并按照集体合同约定的工资标准向段某支付经济补偿金。

➢ 知识点4-6-3　集体合同对新入职员工的法律效力

典型案例4-6-3

某钢铁厂在当地工业区管委会工会的协助下，成功于2009年1月5日和职工代表签订了集体合同，集体合同约定：员工每天工作不超过8小时，每周保证休息1天，每周工作时间不超过40小时，用餐时间可以计入工作时间，但不超过半小时。2010年5月，钢铁厂新招一批锅炉工，并与他们签订了劳动合同。劳动合同中约定：员工每天工作不超过8小时，每周保证休息1天，每周工作时间不超过40小时，用餐时间不计入工作时间。2010年11月，该批职工发现集体合同约定用餐时间可以计入工作时间，与他们签订的劳动合同内容有悖，于是向钢铁厂劳动用工部反映，要求按照集体合同约定执行。钢铁厂回复认为集体合同是该批员工入职前订立的，不适用新入职的职工。

请问：钢铁厂的观点是否合法？

理论提示

《劳动合同法》第54条规定：“集体合同订立后，应当报送劳动行政部门；劳动行政部门自收到集体合同文本之日起十五日内未提出异议的，集体合同即行生效。依法订立的集体合同对用人单位和劳动者具有约束力。行业性、区域性集体合同对当地本行业、本区域的用人单位和劳动者具有约束力。”第56条规定：“用人单位违反集体合同，侵犯职工劳动权益的，工会可以依法要求用人单位承担责任；因履行集体合同发生争议，经协商解决不成的，工会可以依法申请仲裁、提起诉讼。”对于集体合同生效后与用人单位建立劳动关系的职工，根据《劳动合同法》规定，在用人单位和劳动者依法签订的劳动合同期限内，集体合同对双方均具有约束力。只要属于用人单位的劳动者，无论是集体合同生效前还是集体合同生效后进入用人单位的，均能适用集体合同约定的各项标准。

解题点拨

本案中，钢铁厂以新进员工是在集体合同生效后入职为由，认为他们不适用集体合同约定，明显是不符合法律规定的。

拓展阅读

集体合同争议及集体争议处理涉及很多劳动合同和集体协商与处理方面的知识，在有一定相关的基础理论知识的基础上，可以参阅以下文献进一步拓展这方面的知识。

肖胜方．劳动合同法下的人力资源管理流程再造．北京：中国法制出版社，2013.

参考文献

[1] 董保华．劳动争议处理法律制度研究．北京：中国劳动社会保障出版社，2008.

[2] 张华贵．劳动合同法：理论与案例．北京：清华大学出版社，北京交通大学出版社，2011.

[3] 劳动和社会保障部．中华人民共和国劳动争议调解仲裁法讲座．北京：中国劳动社会保障出版社，2008.

[4] 人力资源和社会保障部调解仲裁管理司．劳动人事争议仲裁办案实务．北京：中国劳动社会保障出版社，2010.

[5] 王林清. 劳动争议热点问题司法实务指引. 北京：人民法院出版社，2010.

[6] 问清泓. 劳动合同法制度与实践研究. 武汉：湖北长江出版集团，湖北人民出版社，2011.

思考题

1. 劳动争议受案范围有哪些？法律是如何规定的？
2. 法律如何规定协商的具体程序？
3. 什么是和解协议？
4. 我国法律如何规定劳动争议仲裁时效？
5. 劳动争议案件当事人不服劳动争议仲裁裁决时，如何提出诉讼请求？
6. 如何处理集体劳动合同与个人劳动合同约定不一致的情况？

第五章　劳动保障监察

导　读

实施劳动保障监察，对于贯彻劳动保障法律法规、监控劳动力市场秩序、维护劳动关系双方合法权益、促进劳动关系和谐与经济社会发展、推动劳动保障部门依法行政等，都具有十分重要的意义。在本章的阅读里，您可以了解以下内容：

1. 劳动保障监察的内涵、对象与特征。

2. 劳动保障监察的内容与范围，国家法定的劳动标准和事项以及相关的法律法规。

3. 我国劳动保障监察的实施过程、条件、方式以及标准等。

学习目标

1. 了解　劳动保障监察的含义、对象和特征。
2. 理解　劳动保障监察的实施过程。
3. 掌握　劳动保障监察的范围。

第一节　劳动保障监察的内涵

劳动保障监察，是劳动保障行政部门为维护广大劳动者的合法权益，依法对用人单位遵守劳动保障法律法规的情况进行监督检查，发现和纠正违法行为，并对违法行为依法进行行政处理或行政处罚。在本节的阅读里，您可以了解我国劳动保障监察的内涵及其基本属性。

知识点 5－1－1　劳动保障监察的含义

典型案例 5－1－1

2011 年 8 月，李某因对单位扣发其奖金的纪律处分不服，准备申请劳动争议仲裁。李某到单位人力资源管理部索要劳动合同文本时遭到了拒绝，单位的理由是：劳动合同文本已经装入职工档案由单位统一保管。于是，李某来到劳动保障监察机构投诉，要求企业将劳动合同文本交付其本人一份。

根据《劳动合同法》和《劳动保障监察条例》有关规定，劳动保障监察机构受理了张某的投诉，并指派主办监察员进行调查处理。调查证实，该公司于 2010 年 7 月录用了 12 名劳动者并依法签订了两年期限的劳动合同，劳动合同签订后由公司统一保管，一直没有将劳动合同文本交给劳动者本人一份。根据《劳动合同法》第 81 条的规定，劳动行政部门依法下达了限期整改指令，责令该公司将劳动合同文本交付给李某一份，及时纠正了该公司把劳动者持有的一份劳动合同文本统一装入劳动者的档案资料由单位统一保管而不交付给劳动者的违法行为。

请问：通过本案例，您是否了解了劳动保障监察的含义？劳动保障监察机构在监察用人单位与劳动者订立劳动合同时，应注意哪些事项？

理论提示

劳动保障监察是劳动保障行政机关依法对用人单位遵守劳动保障法律法规的情况进行监督检查，发现和纠正违法行为，并对违法行为依法进行行政处理或行政处罚的行政执法活动。在劳动合同的监察活动中，劳动保障监察机构不仅要检查用人单位是否与劳动者签订劳动合同，同时还要检查用人单位是否将劳动合同文本交付劳动者；对用人单位未将劳动合同文本交付劳动者的，要依法责令用人单位限期改正。

解题点拨

《劳动合同法》第 16 条第 2 款规定：“劳动合同由用人单位与劳动者协商一致，并经用人单位和劳动者在劳动合同文本上签字或者盖章生效。劳动合同文本由用人单位和劳动者各执一份”。本案中公司显然违反了《劳动合同法》的规定。《劳动合同法》第 81 条规定：“用人单位提供的劳动合同文本未载明本法规定的劳动合同必备条款或者用人单位未将劳动合同文本交付劳动者的，由劳动行政部门责令改正；给劳动者造成损害的，应当承担赔偿责任。”因此，劳动行政部门要对用人单位未将劳动合同文本交付劳动者的情况进行监察，责令用人单位改正。

➢ 知识点 5－1－2　对非法用工主体实施监察

典型案例 5－1－2

2009 年 11 月，劳动保障监察机构接到张某等人投诉，称经人介绍，张某带领 6 名同乡到某镇某竹筐加工厂打工，工作内容是编制竹筐，但经营者徐某拖欠他们 10 728 元工资，这种情况请劳动保障监察机构予以解决。

劳动保障监察机构依程序开展监察。经初步调查，该加工厂未经工商部门注册，无营业执照。张某和经营者徐某双方口头约定，张某从其家乡带 6 人为徐某编竹筐，由张某带班，每编制一个竹筐人工费 1.5 元，徐某再支付给张某每个竹筐 0.1 元带班费。2009 年 10 月，张某提出参照同行业经营者李某的标准，给予每人 100 元的生活补助，徐某不同意，张某便要求结清他们未领到的 10 728 元工资，徐某拒绝支付。

经统计，张某等人共编织竹筐 16 080 个，共计工费 24 120 元。徐某应支付张某带班费 1 608 元，徐某已经支付张某等人 15 000 元，尚欠 10 728 元。对以上事实双方当事人均签字认可。

请问：徐某是否应支付张某等人的欠款？

理论提示

劳动保障行政部门在对非法用工主体实施劳动保障监察时，要正确确定劳动保障监察对象。无营业执照或者已被依法吊销营业执照的单位包括两类：一是已被依法吊销营业执照或已向工商行政管理部门申请登记，但尚未取得营业执照的单位，被确定为劳动保障监察对象时，以在工商行政管理部门登记的单位名称为准。二是对有固定的生产经营场所，从事生产经营行为，依法应当领取营业执照但未向工商行政管理部门申领的单位，劳动保障行政部门可以根据其经营内容等拟制单位名称，并注明生产经营场所，以此确定劳动保障监察对象。

解题点拨

《劳动保障监察条例》第 33 条规定：“对无营业执照或者已被依法吊销营

业执照，有劳动用工行为的，由劳动保障行政部门依照本条例实施劳动保障监察”。《劳动合同法》第 93 条规定：“对不具备合法经营资格的用人单位的违法犯罪行为，依法追究法律责任；劳动者已经付出劳动的，该单位或者其出资人应当依照本法有关规定向劳动者支付劳动报酬、经济补偿、赔偿金；给劳动者造成损害的，应当承担赔偿责任。”劳动保障行政部门对无营业执照或者已被依法吊销营业执照，但有劳动用工行为的单位，实施劳动保障监察的事项主要包括遵守禁止使用童工规定情况和涉及非法用工主体向劳动者履行财产清偿义务的情况。基于本案的事实，劳动保障行政部门应责令徐某限期支付张某等人的欠款。

➢ 知识点 5－1－3　事业单位是否属于劳动保障监察对象

典型案例 5－1－3

2007 年 12 月，丁某因被辞退与某研究所发生争议，向劳动保障行政部门投诉，寻求帮助，要求某研究所支付拖欠的工资和赔偿金。接到投诉后，监察员经过对研究所负责人调查了解到：该研究所属于事业单位性质，是财政补助的事业单位法人，丁某原来是在编的干部，2006 年被辞退。研究所没有实行劳动合同制度，因此没有和任何干部签订劳动合同，研究所负责人提供了《事业单位法人证书》复印件、《机构代码证书》复印件和干部名册。劳动监察机构的监察员围绕此案是否属于劳动保障行政部门受理范围展开讨论，经过充分发表意见，集中认为双方主体关系不符合《劳动法》相关规定，不应受理，不予立案。

请问：事业单位职工是否属于劳动保障监察对象？

理论提示

劳动保障监察机构在进行劳动保障监察时，首先要确定对象是否属于劳动监察的范围。《劳动保障监察条例》第 34 条规定：“国家机关、事业单位和社会团体执行劳动保障法律、法规和规章的情况，劳动保障部门根据其职责，依照本条例实施。”这条规定有个条件限制，即上述单位只有在执行劳动保障法律、法规和规章的情况下，才属劳动保障部门管辖。如单位招工、医疗保险、养老保险等。上述单位执行其他规定的情况则不属于劳动保障监察的范围。

解题点拨

本案中，丁某与研究所之间并未建立劳动合同关系。《劳动法》第 2 条第 2 款规定：“国家机关、事业组织、社会团体和与之建立劳动合同关系的劳动者，依照本法执行。”而丁某是干部身份，与研究所之间并非劳动合同关系，因此，丁某与研究所之间的关系不属于《劳动法》调整范围。另外，本案是在《劳动合同法》实施以前发生的，如果此案发生在《劳动合同法》实施之后呢?《劳动合同法》第 96 条规定：“事业单位与实行聘用制的工作人员订立、履行、变更、解除或终止劳动合同，法律、行政法规或国务院另有规定的，依照其规定；未作规定的，依照本法有关规定执行。”本案中丁某属于事业单位干部编制的工作人员，按规定应当实行聘用制，但该研究所既未实行聘用制改革，也未实行劳动合同制度，其双方主体关系没有界定。因此，在法律没有明确规定时，劳动保障行政部门没有依据对其开展执法活动。

➢ 知识点 5-1-4　劳动保障监察的特征

典型案例 5-1-4

2010 年 6 月 21 日，王某到劳动保障监察机构投诉，反映某应用人才培训中心未与其签订书面合同、未办理社会保险、拖欠工资、收取押金等，请求依法维护合法权益。6 月 25 日下午，劳动保障监察机构依程序派两名监察员到该单位调查了解投诉人反映的情况，在出示执法证件、说明来意后，单位法定代表范某情绪激动，暴跳如雷，拒绝、阻挠监察员进入单位调查了解有关情况，并辱骂监察员。在此情况下，监察员只好暂时离开该单位，并向劳动保障监察机构领导进行了汇报。6 月 28 日下午，劳动行政部门领导和劳动保障监察机构负责人及 4 名监察员再次来到该单位，向该单位宣传劳动保障法律法规，说明情况，并希望该单位配合劳动保障监察机构调查劳动者反映的问题，但是范某气焰依然嚣张，仍拒绝接受调查。7 月 10 日，监察员在两名社区干部的见证下，在单位不让监察员进入其工作场所进行调查、拒绝接收《劳动保障监察调查询问书》的情况下，通过留置送达的方式予以送达询问，要求单位在规定时间携带有关资料到劳动保障监察机构接受监察、询问。整个过程中，范某态度依旧恶劣，不时用语言攻击监察员，阻挠监察员依法行使职责。监察员向两名社区干部做了调查，并制作了调查笔录，记录了整个送达过程。

但该单位在规定时间内，还是拒不接受监察，也不提供相关资料，违反了《劳动保障监察条例》第6条规定，即用人单位应当遵守劳动保障法律、法规和规章，接受并配合劳动保障监察。在未确认用工主体是否合法的情况下，劳动保障监察机构通过工商等部门取得了该单位《注册登记证》《办学许可证》复印件，并由发证机关盖章确认。

基于上述情况，劳动行政部门拟依据《劳动保障监察条例》第30条第1款第1项规定，在责令改正的同时，对该单位作出罚款19 000元的处罚决定。9月17日，劳动行政部门在社区干部和多家媒体的见证下，留置送达了《劳动保障监察行政处罚告知书》。在规定时间内，该单位没有采取陈述、申辩等措施，劳动行政部门依法对其作出《劳动保障监察行政处罚决定书》。

请问：劳动保障监察的特征包括哪些内容？

理论提示

劳动保障监察权由劳动保障行政部门行使，劳动保障监察机构是劳动保障行政部门的内设职能机构，劳动保障监察有以下特征：

（1）法定性。劳动保障监察的规则都是直接由法律规定的。劳动保障监察的主体必须严格依据法律进行监察执法活动。根据《劳动法》《社会保险费征缴暂行条例》等法律法规的规定，接受监督检查的单位，包括企业、事业单位、国家机关、社会团体、民办非企业单位、城镇个体工商户。

（2）行政性。劳动保障监察是行使行政权力的具体行政行为，可以做出行政处理决定或行政处罚决定。

（3）专门性。劳动保障监察是由法定的专门机关对劳动保障法律法规的实施情况进行的监督。

解题点拨

这是一起典型的无理抗拒、阻挠监察执法的案件。本案中，劳动保障监察机构接到劳动者投诉，依法对用人单位进行调查，单位负责人多次拒绝和阻挠监察员进入该单位调查，也拒不提供相关资料，影响了办案进度，浪费了大量行政资源，应当付出相应的违法成本。承办本案的监察员采取的两点措施值得借鉴：一是通过该单位注册登记和许可证发证机关了解和掌握了其注册登记情况，明确了其主体资格；二是依据《民事诉讼法》的相关规定，通过留置送达的方式，在社区干部的见证下，送达了《劳动保障监察调查询问书》《劳动保障监察行政处罚告知书》等执法文书，并记录了相应过程，确保程序合法。

拓展阅读

要了解劳动保障监察的监察任务、工作流程、执法程序等内容，首先必须详细了解《劳动保障监察条例》。《劳动保障监察条例》的颁布，是劳动保障法制建设迈出的重要一步，标志着劳动保障监察工作进入一个新的发展时期。详细内容请参考：

中华人民共和国国务院令第423号：《劳动保障监察条例》，2004－12－01.

第二节　劳动保障监察的范围

根据2004年12月1日起施行的《劳动保障监察条例》第11条规定，劳动保障监察的范围包括以下几方面：用人单位制定内部劳动保障规章制度的情况；用人单位与劳动者订立劳动合同的情况；用人单位遵守禁止使用童工规定的情况；用人单位遵守女职工和未成年工特殊劳动保护规定的情况；用人单位遵守工作时间和休息休假规定的情况；用人单位支付劳动者工资和执行最低工资标准的情况；用人单位参加各项社会保险和缴纳社会保险费的情况；职业介绍机构、职业技能培训机构和职业技能考核鉴定机构遵守国家有关职业介绍、职业技能培训和职业技能考核鉴定的规定的情况；法律、法规规定的其他劳动保障监察事项。

➢ 知识点5－2－1　用人单位应该依法定程序制定劳动规章制度

典型案例5－2－1

2008年12月，两名劳动者到某劳动保障监察机构投诉，要求某公司支付解除劳动合同的经济补偿金。接到投诉后，劳动监察员立即展开调查。某公司向劳动行政部门报送了该公司的规章制度、劳动合同、考勤表、工资发放表等资料。在审查过程中，监察员发现该公司的劳动规章制度对职工旷工行为虽然有具体条款规定，但其劳动规章制度未依法定程序制定，劳动者对其劳动规章制度也不知情。劳动行政部门依据《劳动合同法》的相关规定，向该公司下达了《劳动保障监察责令改正决定书》，要求该公司对其劳动规章制度依法定程序制定并告知劳动者，鉴于劳动者不愿意留在该公司工作，责令公司支付违法解除劳动合同的赔偿金。

请问：用人单位应如何制定和完善劳动规章制度？

理论提示

劳动保障监察的范围之一是用人单位制定内部劳动保障规章制度的情况。用人单位的劳动保障规章制度主要包括两方面内容：一是法定内容；二是非法定内容。法定内容是根据法律、法规和规章制定的，主要有：劳动合同管理、工资支付、社会保险、福利待遇、工时休假、职工奖惩以及其他劳动管理制度等。非法定内容是根据企业的实际需要而制定的，主要有员工选聘依据、考核标准、晋升条件、工资分级等内容。《劳动合同法》第4条规定：用人单位在制定、修改或者决定有关劳动报酬、工作时间、休息休假、劳动安全卫生、保险福利、职工培训、劳动纪律以及劳动定额管理等直接涉及劳动者切身利益的规章制度或者重大事项时，应当经职工代表大会或者全体职工讨论，提出方案和意见，与工会或者职工代表大会平等协商确定。……用人单位应当将直接涉及劳动者切身利益的规章制度和重大事项决定公示，或者告知劳动者。

解题点拨

本案是用人单位以劳动者旷工为由解除劳动合同而引起的投诉案件。《劳动合同法》第4条规定：用人单位应当依法建立和完善劳动规章制度，保障劳动者享有劳动权利、履行劳动义务。用人单位有权根据依法制定的规章制度管理员工，其中包括依据规章制度给予员工相应的处分。本案中，被投诉的公司制定了劳动规章制度，而且在规章制度中有因劳动者旷工行为而对其进行相应处理的规定。但本案中，用人单位的规章制度不能被认定为对劳动者有约束力。因为虽然用人单位提供了劳动规章制度文本，但无证据证明其制定是依法定程序并进行了公示，因此，该用人单位的规章制度对劳动者没有约束力。

➢ 知识点5－2－2　怎么处理员工拒签劳动合同

典型案例5－2－2

李某于2009年1月1日进入某纺织公司工作。2009年4月23日，该公司召开职工代表大会，要求与公司职工签订劳动合同。可李某认为，公司约定的合同期限为 3 年，签订了劳动合同，如果不想干了不能随时离开公司。因此和该公司人力资源负责人交涉，承诺不需要公司为其缴纳养老保险费，但也不愿意签订劳动合同。该公司又书面通知李某限期签订劳动合同，否则视为向公司提出解除劳动关系。通知期限届满后，李某仍不同意订立劳动合同。公司据此与李某解除了劳动关系并书面通知其本人。李某认为公司不让干了应支付补偿金，便向当地劳动保障监察机构投诉，投诉书中详细写明了事情经过，并要求公司支付解除劳动合同的经济补偿金。

劳动保障监察机构立案后，依法对被投诉单位某纺织公司进行监督检查，查看公司职工名册、劳动合同台账、公司会议纪要、签订劳动合同通知等相关材料，并询问了公司人力资源负责人，证明了李某投诉的内容属实。公司的做法违反了《劳动合同法》第 10 条规定，经过劳动保障监察员的宣传，该公司认识到自身管理上存在的问题，根据《劳动合同法实施条例》第 6 条规定，支付了李某 2、3 月的两倍工资及半个月工资的经济补偿。

请问：该公司支付李某工资及经济补偿的依据是什么？

理论提示

劳动保障监察的事项之一是对用人单位与劳动者订立劳动合同的情况进行监察。就用人单位与劳动者订立劳动合同的情况而言，存在多种情况，监察过程要严格依据相关的劳动保障法律法规来进行。《劳动合同法》要求用人单位及时主动与劳动者签订劳动合同，否则要承担法律责任。但本案是劳动者拒绝签订劳动合同，用人单位解除劳动关系是否要支付劳动者经济补偿金？对于这样的情况，劳动保障监察要详细了解实际情况，并根据相关的法律法规来进行处理。

解题点拨

根据《劳动合同法》第 10 条、第 47 条规定，建立劳动关系，应当订立书面合同；已建立劳动关系、同时订立书面合同的，应当自用工之日起 1 个月内签订书面劳动合同。经济补偿按劳动者在本单位工作的年限，每满 1 年支付 1 个月工资的标准向劳动者支付。6 个月以上不满 1 年的，按 1 年计算；不满 6 个月的，向劳动者支付半个月工资的经济补偿。《劳动合同法实施条例》第 5 条、第 6 条规定，自用工之日起 1 个月内，经用人单位书面通知后，劳动者不与用人单位订立书面劳动合同的，用人单位应当书面通知劳动者终止劳动关系，无需向劳动者支付经济补偿。用人单位自用工之日起超过 1 个月不满 1 年未与劳动者订立书面合同的，应当依照《劳动合同法》第 82 条的规定向劳动者每月支付两倍的工资，并与劳动者补订书面劳动合同；劳动者不与用人单位订立书面合同的，用人单位应当书面通知劳动者终止劳动关系，并依据《劳动合同法》第 47 条的规定支付经济补偿。

➤ 知识点 5 – 2 – 3　非法使用童工必须严惩

典型案例 5 – 2 – 3

2011 年 5 月，劳动保障监察机构接到群众举报，反映某食品加工厂使用一名童工。劳动保障监察机构根据举报提供的线索找到该疑似童工的员工，单位负责人解释说该员工是其在本单位任司机的叔叔介绍来打工的，才工作了 20 多天，录用时他叔叔保证他已满 16 岁，但是单位不能提供该员工的身份证以及其他录用登记证明材料。

监察人员立即与该员工户籍所在地派出所联系，当地派出所积极配合，开具了户籍证明，证明该员工出生于 1996 年 4 月 21 日，即该员工年龄未满 16 周岁，确实是童工。劳动保障监察机构根据《禁止使用童工规定》（中华人民共和国国务院令第 364 号）第 6 条和第 8 条的规定对该单位处以 15 000 元罚款，并责令单位在 3 日内将该童工遣送回原居住地交其父母。

请问：我国对于使用童工有哪些规定？

理论提示

对用人单位遵守禁止使用童工规定的情况进行监察是劳动保障监察的事项之一。禁止使用童工的法律法规有《禁止使用童工规定》《劳动法》和《劳动合同法》的相关规定。劳动保障监察员在取证时要积极细致，确保获得真实材料。同时，在处理过程中要熟悉上述法律法规中关于禁止使用童工的规定。

解题点拨

《劳动法》第 15 条规定，禁止用人单位招用未满 16 周岁的未成年人。文艺、体育和特种工艺单位招用未满 16 周岁的未成年人，必须依照国家有关规定，履行审批手续，并保障其接受义务教育的权利。《禁止使用童工规定》第2条规定，国家机关、社会团体、企事业单位、民办非企业单位或者个体工商户均不得招用不满16周岁的未成年人。根据这些法律规定，劳动保障监察机构作出上述案例中的处理决定。

➤ 知识点5－2－4　女职工特殊权益保护

典型案例5－2－4

2009年8月30日，劳动保障监察机构接到王某投诉，称某公司与其终止劳动合同，未支付其终止劳动合同经济补偿金，并且未全额支付其产假期间工资。

随后，劳动保障监察机构依法立案展开调查。经查，2007年8月王某与被投诉公司签订了2年期限劳动合同（2007年8月1日至2009年7月31日），月工资1 000元。2008年9月，王某怀孕，2009年6月，王某生育，开始休产假。鉴于王某的休假给该公司的业务工作带来一定的影响，该公司开始按合同约定月工资标准的80%即800元支付王某的产假工资。2009年7月31日，王某休假60天后，正值劳动合同期限届满，该公司没有再与王某续订劳动合同，给王某送去了终止劳动关系的证明。

请问：该公司终止与王某的劳动关系是否违法？

理论提示

《劳动保障监察条例》规定，劳动保障行政部门要对用人单位遵守女职工和未成年工特殊保护的情况进行劳动保障监察。《最低工资规定》第3条第2款规定："劳动者依法享受带薪年休假、探亲假、婚丧假、生育（产）假、节育手术假等国家规定的假期间，以及法定工作时间内依法参加社会活动期间，视为提供了正常劳动。"《劳动合同法》第45条规定："劳动合同期满，有本法第四十二条规定情形之一的，劳动合同应当续延至相当的情形消失时终止。"女职工在孕期、产期、哺乳期的，正是其中的情形。

解题点拨

本案是一起典型的女职工特殊劳动保护案例。该公司违反了上述的法律规定，用人单位主要的违法行为有两项：一是克扣女职工王某产假期间的工资；

二是违法终止与女职工王某的劳动合同。用人单位应当补发王某的工资差额和赔偿金。王某如果要求继续履行劳动合同，用人单位应当继续履行。

➢ 知识点 5－2－5　怀孕女职工工作安排

典型案例 5－2－5

2010 年春节后的一天，某卷烟厂的女职工林某来到市劳动保障监察大队投诉所在单位的违法行为。具体情况是：她前些天到医院的妇产科检查，医生出具的检查结果表明，林某已怀孕 7 个月。为此，医生建议林某停止夜班劳动，并在工作时间内安排中间休息，以免影响胎儿健康。从医院回来后，林某持医院的检查证明，向厂劳资科要求停止安排其每 3 天 1 次的夜班劳动，并允许其在工作过程中离岗休息，被卷烟厂劳资科当场拒绝，而且提出要么继续上夜班，要么就要扣发工资、奖金甚至安排下岗。林某认为卷烟厂的这种做法不合情理，并属于违法行为，因此找到劳动保障监察机构投诉，请求制止企业安排其夜班劳动的行为。

市劳动保障监察大队经调查确认，林某反映的问题属实。但是卷烟厂却向劳动保障监察人员诉苦说，最近该厂的产品市场需求量比较大，林某所在的卷烟车间任务又最重，因此需要每 3 天上 1 个夜班。同时卷烟车间女职工较多，不能安排林某只上白班。此外，卷烟岗位已实现机械化，职工的劳动强度并不大，不会对职工的身体产生影响。市劳动保障监察大队对卷烟厂申辩的理由未予采纳。

请问：为什么市劳动保障监察大队对卷烟厂申辩的理由未予采纳？

理论提示

为保护女职工的合法权益和身体健康，国家对女职工实行特殊劳动保护制度。《劳动保障监察条例》第 23 条规定：安排怀孕 7 个月以上的女职工夜班劳动或者延长其工作时间的，由劳动保障行政部门责令改正，按照受侵害的劳动者每人 1 000 元以上 5 000 元以下的标准计算，处以罚款。《劳动法》第 61 条规定：“对怀孕七个月以上的女职工，不得安排其延长工作时间和夜班劳动。”《女职工劳动保护特别规定》（中华人民共和国国务院令第 619 号）第6 条第 2 款、第 3 款规定：“怀孕 7 个月以上（含 7 个月）的女职工，一般不得安排其从事夜班劳动，在劳动时间内应当安排一定的休息时间。怀孕的女职工，在劳动时间内进行产前检查，所需时间计入劳动时间。”

解题点拨

依据以上规定，怀孕7个月以上的女职工依法享有的权利包括：不延长工作时间，不上夜班，正常劳动时间内有一定的休息时间，劳动时间内进行产前检查算作劳动时间。市劳动保障监察大队应女职工林某的投诉，对某卷烟厂进行了调查，并依据《劳动保障监察条例》第23条的规定，对卷烟厂安排怀孕7个月以上的女职工夜班劳动的行为，作出责令改正并处罚款的决定，符合国家相关劳动保障法律法规的规定。

➢ 知识点5－2－6　超时加班行为必须改正

典型案例5－2－6

某日，劳动保障监察机构接到群众举报，反映某公司存在超时加班的行为。劳动保障监察机构迅速介入了解情况，经实地调查了解到，该公司由于近期接到一笔大订单，临时增加了工作任务，要求全体员工（共21人）每天工作时间由原来的8小时延长至10小时，并取消了周六周日的正常休息。这种情况已经持续了三个半月，且属于强迫员工加班，虽然支付了加班工资，但是很多员工身体已无法承受这样的劳动强度。劳动保障监察机构依据《劳动保障监察条例》第25条规定，下达了整改指令书，要求单位及时改正现有的工时制度，支付劳动者加班工资，并对该公司行为处以6 000元罚款。

请问：《劳动法》对于延长工作时间有哪些具体规定？

理论提示

为保护劳动者的身心健康，国家对劳动者的工作时间加以明确规定。《劳动法》第36条规定：“国家实行劳动者每日工作时间不超过八小时、平均每周工作时间不超过四十四小时的工时制度。”《劳动法》第38条规定：“用人单位应当保证劳动者每周至少休息一日。”第41条规定：“用人单位由于生产经营需要，经与工会和劳动者协商后可以延长工作时间，一般每日不得超过一小时；因特殊原因需要延长工作时间的，在保障劳动者身体健康的条件下延长工作时间每日不得超过三小时，但是每月不得超过三十六小时。”

解题点拨

该公司的做法违法了上述《劳动法》的相关规定，《劳动保障监察条例》第25条规定："用人单位违反劳动保障法律、法规或者规章延长劳动者工作时间的，由劳动保障行政部门给予警告，责令限期改正，并可以按照受侵害的劳动者每人100元以上500元以下的标准计算，处以罚款。"劳动保障监察机构作出的处理符合规定要求。

➢ 知识点5-2-7　是否属于加班行为要依法认定

典型案例5-2-7

2008年6月11日，莫某进入某混凝土公司从事装管的工作，入职前曾详细阅读了混凝土公司的《员工手册》，并表示愿意遵守该手册及公司有关规章制度，且向公司作出了书面保证。该混凝土公司根据生产、工作的具体情况，曾于2007年5月向市劳动和社会保障局申请综合计算工时工作制，并依法取得了实行特殊工时工作制的行政许可，有效期满后，公司又取得了2009年4月30日至2012年5月30日的许可。混凝土公司每年的春节期间均安排职工统一休年假，并对元旦、清明节、端午节、国际劳动节等法定假日进行了调休，混凝土公司亦合理安排了职工的休息时间，公司的综合计算周期内的总实际工作时间也未超过总法定标准工作时间。混凝土公司2008年4月与全体装管工就工资标准进行了协商，商定工资由基本工资和浮动工资组成，浮动工资实行计件工资，以拖泵完全砼方量为标准，每增加1方，加2.75元（含0.6元/方加班费）给装管工班子；约定计件提成工资考核制度，其中计件单价由基本单价加加班单价组成，加班单价含平时延时加班工资，少量周日、节假日加班工资。2011年6月11日，莫某在工作时外出吃夜宵，导致混凝土公司重大项目工程进度延迟5小时，造成经济损失8 000元，混凝土公司随后以莫某违反《员工手册》为由，解除了与莫某的劳动关系。莫某向市劳动保障监察机构投诉，要求另支付2009年5月至2011年5月在双休日工作的加班工资。

请问：莫某在双休日工作是否属于加班？

理论提示

《劳动法》第39条规定："企业因生产特点不能实行本法第三十六条、第三十八条规定的，经劳动行政部门批准，可以实行其他工作和休息办法。”第41条规定：“用人单位由于生产经营需要，经与工会和劳动者协调后可以延长工作时间，一般每日不得超过一小时；因特殊原因需要延长工作时间，在保障劳动者身体健康的条件下延长工作时间每日不得超过三小时，但是每月不得超过三十六小时。”《关于企业实行不定时工作制和综合计算工时工作制的审批办法》第5条规定：“企业对符合下列条件之一的职工，可实行综合计算工时工作制，即分别以周、月、季、年等为周期，综合计算工作时间，但其平均日工作时间和平均周工作时间应与法定标准工作时间基本相同。（一）交通、铁路、邮电、水运、航空、渔业等行业中因工作性质特殊，需连续作业的职工；（二）地质及资源勘探、建筑、制盐、制糖、旅游等受季节和自然条件限制的行业的部分职工；（三）其他适合实行综合计算工时工作制的职工。”

解题点拨

根据《关于企业实行不定时工作制和综合计算工时工作制的审批办法》第5条的规定，混凝土公司依法取得了实行特殊工时工作制的行政许可，且双方根据真实意思的表示约定了工资标准，混凝土公司亦合理安排了职工的休息时间，公司综合计算周期内的总实际工作时间也未超过总法定标准工作时间。劳动保障监察机构认定，混凝土公司未违反相关的规律规定，故不应当认定莫某在双休日工作属于加班，且混凝土公司在解除与莫某的劳动关系前按时支付了莫某的工资，故不应再另行支付莫某在双休日工作的工资。

➢ 知识点5-2-8 法定休假日加班不能用补休代替加班工资

典型案例5-2-8

2012年“五一”节期间，某公司因接待外宾参观，决定产品调试车间8名职工加班1天。第2天又安排8名职工休息。6月初领工资时，8名职工都没有领到加班工资，向公司提出质疑。公司称“五一”节加班是工作需要，而且第2天已经安排了补休，不再发给加班工资。8名职工不服，向当地劳动保障监察机构投诉，要求补发其“五一”节加班工资。

请问：加班工资应怎么计算？

理论提示

《劳动法》第44条对延长工作时间支付高于正常工作时间工资的工资报酬问题规定了3种情形：①安排劳动者延长工作时间的，支付不低于工资的150%的工资报酬；②休息日安排劳动者工作又不能安排补休的，支付不低于工资200%的工资报酬；③法定休假日安排劳动者工作的，支付不低于工资的300%的工资报酬。上述第二种情形，即在休息日安排劳动者工作的，其待遇有两种选择，一是安排补休，二是支付不低于工资200%的工资报酬，而且能够安排补休的不再支付工资200%的工资报酬。而第一种和第三种情形下则只能支付法律规定的工资报酬，不能安排补休而不支付高于正常工作时间的工资报酬。

解题点拨

在法定休假日安排劳动者工作不但影响劳动者休息，也影响劳动者的精神文化生活和其他社会活动，这是用补休的办法无法弥补的，因此，应当给予更高的工资报酬。可见，用人单位在遇到上述情况，安排劳动者工作时，应当严格按照《劳动法》的规定办事。属于哪一种情况，就应执行法律对这种情况所作出的规定，相互不能混淆，不能代替。凡不允许代替而代替的，不管什么原因、什么理由都是违法的，都是对劳动者权益的侵犯，都应当依法予以纠正。劳动保障监察机构认定该用人单位这种以补休代替法定休假日加班工资的行为不符合法律规定，要求该公司按照不低于劳动合同约定的工资的300%支付8名职工加班工资。

➤知识点5-2-9　用人单位应当及时支付劳动者工资报酬

典型案例5-2-9

2010年9月3日，张某向劳动保障监察机构投诉，反映他于2008年6月至2009年6月期间在某公司工作，公司拖欠其12 100元工资。多次索取无果后，张某向公司相关负责人徐某索取了两份欠薪证明后，前来投诉。

劳动保障监察机构依法对该公司负责人进行询问，公司负责人称，张某于2008年6月由该公司管理人员徐某介绍来工作，工资由徐某与其商定。2009年3月，张某工作完成，在支付其全部工资后将其辞退。同时，该公司也提供了支付张某工资的相关凭证。随后，监察员找到徐某进行进一步调查。徐某称自己是公司的管理人员，张某确实由其介绍到公司工作，2009 年 6 月离职，还有 12 100 元工资没有支付给张某，并承认向其出具过 12 100 元的欠薪证明。

由于公司承认徐某是其公司管理人员，张某由徐某介绍使用，工资由徐某商定等事实，因此，劳动保障监察机构认定该公司拖欠张某 12 100 元工资违法事实成立。

请问：劳动保障监察机构是否应责令该公司支付徐某工资及赔偿金？

理论提示

对用人单位支付劳动者工资情况进行劳动保障监察是劳动保障行政部门的职责之一。《劳动法》第 50 条规定："工资应当以货币形式按月支付给劳动者本人。不得克扣或者无故拖欠劳动者的工资。"《劳动保障监察条例》第 26 条规定："用人单位有下列行为之一的，由劳动保障行政部门分别责令限期支付劳动者的工资报酬、劳动者工资低于当地最低工资标准的差额或者解除劳动合同的经济补偿；逾期不支付的，责令用人单位按照应付金额 50% 以上 1 倍以下的标准计算，向劳动者加付赔偿金：（一）克扣或者无故拖欠劳动者工资报酬的；（二）支付劳动者的工资低于当地最低工资标准的；（三）解除劳动合同未依法给予劳动者经济补偿的。"

解题点拨

劳动保障监察机构通过调查取证，掌握了充分而确凿的证据来证明和支持该公司拖欠劳动者工资的违法事实。该公司违反了《劳动法》第 50 条的规定。劳动行政部门依据《劳动保障监察条例》第 26 条第 1 款第 1 项的规定，向该公司下达《劳动保障监察责令改正决定书》，责令其限期支付张某工资。

➢知识点 5－2－10　最低工资不包括加班工资

典型案例 5－2－10

2008 年 10 月，某市劳动保障监察大队接到史某投诉，史某要求某公司补足其 2007 年 8 月低于该市最低工资标准的差额部分。

监察员随后对案件展开调查，通过调阅用人单位提供的2007年8月考勤表及工资表后发现，用人单位在发放工资时，将基本工资与加班工资合并计算，认为只要支付的工资总额不低于最低工资标准就是合法的。其制作的工资发放表表明，史某2007年8月的工资为750元，其中，加班工资100元，基本工资650元，月基本工资低于该市最低工资标准730元。

该公司违反了《劳动法》第48条第2款的规定。市劳动保障监察机构依据《劳动保障监察条例》第26条第1款第2项规定，向该公司下达《劳动保障监察责令改正决定书》，要求用人单位补足低于当地最低工资标准的差额部分80元。

请问：应该如何理解加班工资？

理论提示

《劳动法》第48条规定："国家实行最低工资保障制度。最低工资的具体标准由省、自治区、直辖市人民政府规定，报国务院备案。用人单位支付劳动者的工资不得低于当地最低工资标准。"《劳动保障监察条例》第26条规定："用人单位有下列行为之一的，由劳动保障行政部门分别责令限期支付劳动者的工资报酬、劳动者工资低于当地最低工资标准的差额或者解除劳动合同的经济补偿；逾期不支付的，责令用人单位按照应付金额50%以上1倍以下的标准计算，向劳动者加付赔偿金：（一）克扣或者无故拖欠劳动者工资报酬的；（二）支付劳动者的工资低于当地最低工资标准的；（三）解除劳动合同未依法给予劳动者经济补偿的。"

解题点拨

本案是典型的低于最低工资标准支付工资的案件。在这里要准确理解"工资"与"最低工资"具体含义。《劳动法》中的"工资"是指用人单位依据国家有关规定或劳动合同的约定，以货币形式直接支付给本单位劳动者的劳动报酬。"最低工资"是指劳动者在法定工作时间或依法签订的劳动合同约定的工作时间内提供了正常劳动的前提下，用人单位依法应支付的最低劳动报酬。《最低工资规定》第12条规定："在劳动者提供正常劳动的情况下，用人单位应支付给劳动者的工资在剔除下列各项以后，不得低于当地最低工资标准：（一）延长工作时间工资；（二）中班、夜班、高温、低温、井下、有毒有害等特殊工作环境、条件下的津贴；（三）法律、法规和国家规定的劳动者福利待遇等。”由此可见，最低工资不包括加班工资、特殊环境和劳动条件下的津贴和国家规定的福利待遇。

➢ 知识点 5－2－11　只要存在劳动关系就可以享受社会保险

典型案例 5－2－11

2011 年 3 月，杜某等 5 人因所在单位拒绝支付基本生活费、补缴社会保险金，而向当地劳动保障监察机构投诉，要求依法维护其合法权益。

监察员经过调查了解到，杜某等 5 人于 2003 年先后调入某企业有限公司。2007 年 6 月，公司因经营状况不良，口头通知 5 人回家“待着”。但是自此之后的 4 年中，单位既未书面通知双方解除劳动关系，也未给他们重新安排工作，并且 5 人的档案关系一直存放在单位。杜某等人多次要求解决工作问题，公司都未予答复。5 人只好决定离开公司，将档案暂时存放到人才交流中心。这时，他们却意外地发现，自 2004 年 11 月以来，单位一直未给他们缴纳社会保险。他们为此找到公司，但公司只同意为他们补缴 2007 年 6 月之前的保险。至于后来的保险，公司认为，他们都 4 年没上班了，没有义务为他们缴纳。

请问：公司是否应补缴杜某等人的社会保险金？

理论提示

本案的关键在于，杜某等 5 人回家“待着”后，与该公司是否还存在劳动关系。《劳动法》第 26 条规定：“有下列情形之一的，用人单位可以解除劳动合同，但是应当提前三十日以书面形式通知劳动者本人。（一）劳动者患病或者非因工负伤，医疗期满后，不能从事原工作也不能从事由用人单位安排的工作的；（二）劳动者不能胜任工作，经过培训或者调整工作岗位，仍不能胜任工作的；（三）劳动合同订立时所依据的客观情况发生重大变化，致使原劳动合同无法履行，经当事人协商不能变更劳动合同达成协议的。”《企业职工档案管理工作规定》第 18 条规定：“企业职工调离、辞职、解除劳动合同或被开除、辞退等，应由职工所在单位在一个月内将其档案转交其新的工作单位或其户口所在地的街道劳动（组织人事）部门。”《关于贯彻执行〈中华人民共和国劳动法〉若干问题的意见》（劳部发〔1995〕309 号）第 74 条规定：“企业富余职工、请长假人员、请长病假人员、外借人员和带薪上学人员，其社会保险费仍按规定由原单位和个人继续缴纳，缴纳保险费期间计算为缴费年限。”

解题点拨

根据本案实际情况和上述法律规定，某企业有限公司只是口头通知杜某等人回家“待着”，并未书面通知双方解除劳动关系及按规定将杜某等人的档案转移到有关部门，因此，双方的劳动关系至今存在，杜某等人应视为企业的富余职工或放长假人员。据此，“不上班就不缴纳保险”的说法显然是错误的。至于说基本生活费问题，由于《劳动法》保护的时效只有60天，因此杜某等人提出的补发5年基本生活费的请求，也只能支持2个月。

➢ 知识点 5－2－12　骗取医疗保险待遇应承担法律责任

典型案例 5－2－12

2012年3月，某市劳动保障监察机构接到某单位社会保障机构的举报，反映郑某（非参保人员）在2010年上半年，以参保职工刘某的身份住进该单位职工医院治疗，共产生医疗费5 426元，其中医疗保险基金支付4 127元，涉嫌骗取医疗保险待遇的问题。

劳动监察机构依据举报线索对郑某就医的医院进行了调查，调查查明，住院记录显示刘某（实际住院的是郑某）从2010年4月8日至4月23日在该院住院治疗，共产生医疗费5 426元，其中自费1 299元，其余由医疗保险基金支付。院方主治医师承认没有按职工医院的要求查看就医人员的《医疗保险手册》以及身份证件，只是随便询问了郑某的住址、单位部门和姓名后，就以郑某回答的刘某姓名和住址给郑某出具了住院手续。主治医师在对刘某的《医疗保险手册》辨认时，也确认住院的不是刘某本人。

监察员在对参保人刘某调查时得知，刘某在2010年上半年根本没住过院，郑某曾提过要借刘某的《医疗保险手册》住院治疗，但被拒绝。后来，刘某在查询自己社保的缴纳情况时，才无意中发现了郑某冒名住院的问题，立即向单位汇报了此事，要求向上一级领导机关反映。最后监察员对郑某进行了调查，郑某承认在试图借用刘某《医疗保险手册》遭拒后，自己于2010年4月

8日直接以刘某的名义到刘某单位职工医院治疗，于4月23日出院，实际医疗费总计5 426元，社保机构报销了4 127元。

请问：骗取医疗保险待遇应承担哪些法律责任？

理论提示

《劳动保障监察条例》第27条规定：“骗取社会保险待遇或者骗取社会保险基金支出的，由劳动保障行政部门责令退还，并处骗取金额1倍以上3倍以下的罚款；构成犯罪的，依法追究刑事责任。”

解题点拨

这是一起典型的骗取社会保险待遇的案件。郑某的行为构成了《劳动保障监察条例》第27条第2款规定的“骗取社会保险待遇”行为，属于违法行为。劳动保障行政部门应对郑某作出骗取社会保险待遇1倍以上3倍以下的罚款的行政处罚决定，同时责令退还已报销的基本医疗保险费。

知识点5－2－13　非法办学遭查处

典型案例5－2－13

2008年4月，劳动保障监察机构接到陈某等人投诉，反映某技校利用虚假广告招生并虚假对外输出，涉及学员较多，目前这批学员正在不断聚集，要求学校赔偿误工费及一切经济损失。

劳动保障监察机构当日即对投诉进行调查，经查，该市并未审批某技校，但是审批过某职业培训学校。办案人员立即对该职业培训学校询问，该校校长答复某技校是外地人在本地办的学校，与该职业培训学校有过合作，培训学校收取了其一定的联合办学费用，但对于对外劳务输出并不知情，并向劳动保障监察机构提供了联合办学协议等有关材料。劳动保障监察员去某技校调查，某技校办学者已逃，教学设备已拉走。对投诉者进行取证，得知该外地办学者利用虚假广告进行宣传，承诺包上岗，如果不能上岗赔偿损失等，并且利用当地已停业的职业中专学校校址上课，培训时间很短，还不到两个月，然后就让学员回家等通知，号称要推荐就业，同时还收取了学员所谓的安置费，等学员离开学校后才发现上当受骗了。

鉴于某技校是以虚构的名义非法办学，涉嫌虚假劳动输出，骗取学生钱财，涉及学员多，金额巨大，根据我国《刑法》第266条“以非法占有为目的，用虚构事实或者隐瞒真相的方法，骗取数额较大的公私财物的行为”的规定，其行为已经涉嫌犯罪。劳动保障监察机构及时向辖区公安机关报案，要求依法立案查处。

劳动保障监察机构对另一责任单位——某职业培训学校进行了处理，陆续退还了学员的输送、安置及路费等各种费用，使这批学员得以返乡。根据《劳动保障监察条例》第28条，某职业培训学校虽然不是诈骗案件的主体，但是因为有与诈骗主体联合办学的协议，仍然应当承担相应的法律责任。由于该培训学校能够积极配合解决问题，按照劳动保障机关程序，劳动保障部门要求其限期整改，给予30 000元的罚款。

请问：如何认定非法办学？非法办学应承担哪些违法责任？

理论提示

《中华人民共和国民办教育促进法》第62条规定：民办学校有下列行为之一的（发布虚假招生简章或者广告，骗取钱财的……），由审批机关或者其他有关部门责令改正，并予以警告；有违法所得的，退还所收费用后没收违法所得；情节严重的，责令停止招生、吊销办学许可证；构成犯罪的，依法追究刑事责任。

《中华人民共和国就业促进法》第40条规定：“设立职业中介机构，应当依法办理行政许可。经许可的职业中介机构，应当向工商行政部门办理登记。未经依法许可和登记的机构，不得从事职业中介活动。”第64条规定：“违反本法规定，未经许可和登记，擅自从事职业中介活动的，由劳动行政部门或者其他主管部门依法予以关闭；有违法所得的，没收违法所得，并处一万元以上五万元以下的罚款。”

《劳动保障监察条例》第28条规定：“职业介绍机构、职业技能培训机构或者职业技能考核鉴定机构，违反国家有关职业介绍、职业技能培训或者职业技能考核鉴定的规定的，由劳动保障行政部门责令改正，没收违法所得，并处1万元以上5万元以下的罚款；情节严重的，吊销许可证。”

解题点拨

本案是查处利用虚假劳务输出信息招生并非法办学的案件，案件的焦点是如何认定办学的主体，划分联合办学双方责任。由于本案中外地办学者打着联合办学的旗号，在某职业培训学校上加上某技校的名字，但地址、人员、设备、劳务输出等材料表明，是这一伙人在独立操作此事。劳动保障监察机构认定某技校是案件主体，且系非法办学，遂向辖区公安机关报案。对某职业培训学校，由于没有审查联合办学当事人的资格，且在事实上帮助发布虚假招生广告，而某技校办学者已经逃匿，根据《民办教育促进法》第 62 条第 1 款第 3 项，某职业培训学校应承担相应的法律责任。

拓展阅读

劳动保障监察案件的处理涉及许多劳动与社会保障法律法规，劳动保障监察员要尽量了解这些法律法规，请参阅下列文献：

(1) 胡仕浩. 劳动法司法解释 理解与运用·典型案例裁判理由. 北京：中国法制出版社，2011.

(2) 樊启荣. 劳动与社会保障法. 武汉：华中师范大学出版社，2011.

第三节　劳动保障监察的实施

为贯彻实施《劳动保障监察条例》，更好地规范劳动保障监察行为，必须对劳动保障监察实施行为及过程进行规定和规范。在本节的阅读中，您将获得关于劳动保障监察实施的相关内容。

➢ 知识点 5－3－1　书面审查是发现违法行为的方式之一

典型案例 5－3－1

2009 年 3 月，某市劳动行政部门对辖区内的用人单位开展劳动保障书面审查工作时发现，某公司虽然按要求报送了书面材料，但从材料上看，该公司没有与 320 名劳动者签订书面劳动合同，也没有为他们缴纳社会保险费。劳动保障监察机构以此为线索，对该公司实施监察。调查取证后，劳动保障监察机构认定该公司存在未订立劳动合同、未缴纳社会保险费的违法行为，违反了《劳动合同法》第 10 条、《社会保险费征缴暂行条例》（国务院令第 259 号）第 12 条第 1 款、第 2 款的规定。劳动行政部门据此向该公司下达了《劳动保障监察责令改正决定书》，要求其于2009年5月30日之前，与320名劳动者补签书面劳动合同、补缴社会保险费，但该公司在规定时间内没有改正违法行为。

由于本案涉及劳动者人数较多，属重大案件，因此劳动行政部门举行了集体讨论会。通过集体讨论作出以下决定：一是按照该市劳动合同条例的相关规定，拟对该公司未与320人签订劳动合同的违法行为，给予每人300元罚款的行政处罚，合计96 000元；二是按照《劳动保障监察条例》第30条第1款第3项规定，拟对该公司责令改正而拒不改正的行为给予18 000元罚款的行政处罚；三是为维护劳动者合法权益，拟对该公司未签订劳动合同、未缴纳社会保险费的行为，依法作出行政处理决定。

随后，劳动行政部门向该公司下达了《劳动保障监察行政处罚听证告知书》，告知其享有的权利、应尽的义务。该公司在收到告知书3日内提出了听证申请。2009年6月5日，劳动行政部门下达《劳动保障监察行政处罚听证通知书》，并及时组织召开听证会。由于该公司未在听证会上提出有效证据材料，劳动行政部门未采纳其申辩意见，按照集体讨论意见依法对该公司作出行政处罚和行政处理决定。但该公司仍以种种理由拒绝履行行政处罚和行政处理决定，也不向有关部门申请行政复议、提起行政诉讼。因此，劳动行政部门向法院申请强制执行。经法院执行，该公司于2009年12月20日缴纳了罚款，并按要求与劳动者订立了劳动合同，缴纳了社会保险费。

请问：劳动保障监察中书面审查该注意哪些事项？

理论提示

根据《劳动保障监察条例》规定，书面审查是劳动行政部门对用人单位遵守劳动保障法律、法规和规章的情况进行监督检查的一项重要措施，也是劳动保障监察执法的有效形式。书面审查的内容主要是审查用人单位报送的规章制度制定、劳动合同签订、工资支付、工作时间及休息休假安排、社会保险费缴纳等情况的材料。通过书面审查，便于劳动保障监察机构全面了解用人单位的劳动用工管理状况，并对审查中发现的问题及时予以纠正和查处。

解题点拨

用人单位在劳动用工过程中应当遵守国家劳动保障法律、法规，并自觉接受劳动行政部门的监督检查，拒绝和阻挠劳动保障监察要依法承担相应的法律责任。本案中，由于该公司没有按照劳动行政部门的责令改正要求进行整改，因此，劳动行政部门依法对其予以处罚的做法是正确的。

同时，在行政执法过程中，执法程序至关重要。如果执法程序错误，那么作出的行政处罚、行政处理将不能成立。劳动行政部门通过审查该公司报送的书面材料，发现该公司没有与320名劳动者签订书面劳动合同，没有缴纳各项社会保险费，由于涉及的劳动者人数较多，属重大案件，因此劳动行政部门召开了复杂、重大案件集体讨论会，通过讨论，决定对该公司进行处罚。在作出行政处罚决定之前，劳动行政部门根据《行政处罚法》的规定，事先告知该公司行政处罚的内容和数额以及享有要求听证的权利。在作出行政处罚、行政处理决定后，又告知该公司行政复议和行政诉讼的救济途径。

➢ 知识点5－3－2　联动见证查实真相

典型案例5－3－2

上海市某区劳动保障监察大队在实践中建立了每周联合执法与监督机制，邀请区总工会等部门工作人员参与法律实施检查工作。2009年6月，两名监察员在两名工会工作人员协同下，带领监察协管员，对某公司实施日常巡查，该公司法定代表人王某接待了监察员。

王某首先介绍该公司人员情况，称该公司有30多人，其中有10人是外来从业人员。然后监察员向王某询问了具体用工情况，从其回答及所提供的材料来看，该公司似乎很规范，并不存在违法行为。但这些资料所反映的信息却与协管员事先排摸的情况大相径庭，这一情况引起了监察员的怀疑。此时，监察员注意到王某办公桌上有份标记为“2007年工资单”的文件夹，于是向王某指明要查看该文件夹，但是王某一把夺过文件夹，说要看就看这几个月的工资情况，这个文件夹资料监察员无权查看。王某反常的举动加深了监察员的怀疑，于是监察员耐心向其告知监察员的职权，工会工作人员也配合进行了劝说，但是王某仍不同意。

监察员一方面运用见证机制，在两名工会工作人员见证下，对王某进行现场调查，并制作了笔录；另一方面，进行政策宣传，向王某严正指出单位不配合劳动保障监察的法律后果。在制作现场调查笔录的过程中，王某怕承担法律责任，终于提供了该文件夹。该文件夹内并非该公司2007年工资单，实为2009年1～5月的考勤记录及工资表，其反映出来的外来从业人员人数近50人，远非王某前述所称的10多人。经对比，这些外来从业人员都未办理综合保险缴费手续。对此，监察员要求协管员对该公司继续跟踪监督，同时将用工资料复印，由王某签字确认，并向该公司开具《调查询问书》，进一步对该公司实施劳动保障监察。

经查实，该公司漏缴多名员工的外来从业人员综合保险费，违反了《上海市外来从业人员综合保险暂行办法》第5条、第8条的规定。该区劳动保障局根据《上海市外来从业人员综合保险暂行办法》第19条规定，发出《劳动保障监察责令改正通知书》，责令该公司在规定期限内予以改正。

请问：劳动保障监察机构与工会等部门建立联合执法与监督机制有何意义？

理论提示

《劳动保障监察条例》第14条规定：劳动保障监察以日常巡视检查、审查用人单位按照要求报送的书面材料以及接受举报投诉等形式进行。劳动保障行政部门认为用人单位有违反劳动保障法律、法规或者规章的行为，需要进行调查处理的，应当及时立案。劳动保障行政部门或者受委托实施劳动保障监察的组织应当设立举报、投诉信箱和电话。对因违反劳动保障法律、法规或者规章的行为引起的群体性事件，劳动保障行政部门应当根据应急预案，迅速会同有关部门处理。

解题点拨

一些劳动保障监察机构建立了与工会等部门的联合执法与监督机制。这种多方联动的工作方法，有利于整合资源，对促进案件查处工作大有裨益。本案中，监察员不仅很好地运用了这个机制，而且还采取了事后回访的做法，进一步指导用人单位规范用工管理，真正履行了宣传、教育的职责。

➢ 知识点5－3－3　现场调查取证是调查的重要方式之一

典型案例5－3－3

2007年8月，劳动保障监察机构接到群众匿名举报，反映某进口运输公司要求一线生产装卸工人一天工作24小时，每月工作达360小时之多。

接到举报后，监察员为了得到第一手的真实资料，前往生产装卸现场调查取证。监察员首先调阅原始考勤记录和现场的工时制度。考勤记录显示职工的工作时间为每工作一天（24 小时），再休息一天（24 小时），每月工作 15 天，休息 15 天，月工作时间共计 360 小时；公司制定的装卸工人岗位职责规定，装卸人员必须连续工作 24 小时后，再休息 24 小时，周六、周日及法定假日均不休息。

监察员又对现场的装卸工人进行了调查询问，证实该公司确实实行工作 24 小时，再休息 24 小时的工时制度，和监察员调阅的原始考勤记录一致。职工对此公司制度极为不满，多次向公司反映，希望减少工作时间，增加休息休假时间，公司领导却不予理睬。

监察员在搜集到充分证据材料后，对公司负责人进行了调查询问，公司负责人也承认了超时加班的行为。因此，该公司的行为违反了《劳动法》第 41 条规定，劳动行政部门依据《劳动保障监察条例》第 25 条下达《劳动保障监察责令改正书》，要求其在规定时间内进行整改，保障职工正常的休息休假权利，并依法对其处以罚款。

该公司在接到《责令改正决定书》后，积极进行整改：将白天能来的货物尽量集中安排在白天到货，将收货调整为早、晚两个班，早班为上午 8 点到下午 4 点，晚班为下午 4 点到晚上 12 点，每班 8 小时，三批职工倒班，晚 12 点后停工，次日再分班作业，职工加班依法支付加班费，从而避免了超时加班问题，也提高了工作效率。

请问：现场取证的优点有哪些？

理论提示

《劳动保障监察条例》第 15 条规定：“劳动保障行政部门实施劳动保障监察，有权采取下列调查、检查措施：（一）进入用人单位的劳动场所进行检查；（二）就调查、检查事项询问有关人员；（三）要求用人单位提供与调查、检查事项相关的文件资料，并作出解释和说明，必要时可以发出调查询问书……”

解题点拨

劳动行政部门在办理超时工作类案件时，关键的是要掌握以下两点：一是获得第一手资料——考勤记录，从而有充分的证据来认定超时工作的行为；二是在认定用人单位确实存在超时工作的违法行为后，既要依法处罚，又要引导企业合理调整工作时间，保障劳动者休息休假的权利。在本案的查处过程中，监察员有几点做法值得肯定：一是监察员为了取得第一手资料，直接去工作现场了解情况的调查方式，及时搜集了工人的原始考勤记录；二是在掌握考勤记录的基础上，为进一步增加证据的效力，深入工作现场调查；三是当场下达《劳动保障监察责令改正决定书》，要求单位限期改正，从而确保劳动者权益不受侵害。

知识点 5－3－4　劳动监察员办理案件的基本执法程序

典型案例 5－3－4

2010 年 7 月，某市劳动保障行政部门接到刘某等 16 人投诉，反映某公司拖欠刘某等 16 人两个月的工资，并提供了该公司也可能拖欠其他 100 多名员工工资的线索，根据投诉人的描述，这一桩拖欠工资案涉及人员多，为防止引起群体性事件，劳动保障行政部门当即批准立案。

劳动保障监察员在该公司的经营场所找到了法定代表人，经与法定代表人谈话了解到，近一年来公司经营困难，确实没有按时支付职工工资，2010 年 4 月至 5 月的工资未发，上个月的工资勉强凑齐发下去。当天的调查因财务人员不在，没有得到有价值的书证资料。劳动保障监察员下达了《劳动监察询问通知书》，要求该公司携带相关资料，按规定的时间到监察大队进一步接受调查。法定代表人委托张某携带资料如期接受调查。张某讲，知道刘某来投诉过，这几天公司筹钱支付了刘某等 16 人 4 月份的工资，5 月份的工资没有发放。劳动保障监察员在审阅相关资料时发现，该公司还拖欠包括张某等 87 人 1 个月的工资，即该公司共拖欠 103 人 1 个月工资共计 116 780 元。通过对张某的询问，也证实了这一情况属实。

该公司拖欠工资的行为违反了《劳动法》第 50 条的规定，在取得相关材料后，劳动保障行政部门依据《劳动保障监察条例》第 26 条规定，依法向该公司下达了《劳动保障监察责令改正通知书》，责令该公司在 10 日内支付刘某等 103 人工资。责令期满后，该公司未能按时支付刘某等 103 人的工资，执法人员再次催促其履行《劳动保障监察责令改正通知书》的事项，但该公司仍未履行，由此又构成了另外一个行为，即《劳动保障监察条例》第 30 条第 1 款第 1 项的行为，属于违法行为。劳动保障监察行政部门依据《劳动保障监察条例》第 30 条第 1 款的规定，对该公司作出罚款 2 000 元的行政处罚决定；

同时依据有关规定作出了行政处罚决定，要求依法支付刘某等103人工资及按照应付金额50%的标准支付刘某等103人赔偿金。

该公司在接到劳动保障行政部门送达的《行政处罚决定书》和《行政处理决定书》后，在法定期限内，既未向复议机关申请行政复议，也未向人民法院提起诉讼。诉讼期满后，劳动保障行政部门可以依法申请人民法院强制执行，法院裁定准予执行。

请问：劳动保障监察员办理案件的基本执法程序是什么？

理论提示

劳动保障监察员在办理案件过程中，如果由于种种原因不能取得有价值的书证资料，可以下达《劳动监察询问通知书》，要求调查对象携带资料到劳动监察部门接受调查。对证据确凿，无故拖欠工人工资的企业，劳动监察部门首先下达《劳动保障监察责令改正通知书》，责令企业整改。企业拒不改正的，下达《劳动保障监察行政处罚（行政处理）事先告知书》，仍不改正的，下达《劳动保障监察行政处罚（行政处理）决定书》，企业拒不履行《劳动保障监察行政处罚（行政处理）决定书》的，劳动监察部门申请法院强制执行。

解题点拨

本案中被投诉公司以经营状况不佳为由，未经工会或职工代表协商一致，也未向劳动者说明情况，无故拖欠劳动者的工资。在本案调查取证以及随后的处理过程中，劳动保障监察人员遵循基本的程序进行，体现出了较好的职业素养。

➢ 知识点5－3－5　违法行为在法定时效内未被发现，行政机关不再查处

典型案例5－3－5

2009年9月14日，劳动监察机构接到张某要求本市某企业为其补缴1997年3月至2007年7月的养老、失业保险费，及2005年11月至2007年7月的医疗保险费的投诉，张某填写劳动监察投诉登记表，并留下一份劳动仲裁裁决书。裁决书中有“经审理查明……申请人1997年3月11日进入该单位工作，2007年7月11日被单位辞退……裁决如下：被申请人自本裁定生效之

日起5日内为申请人补缴1997年3月至2007年7月的社会保险费”的内容。

劳动监察机构经审查，认为本案符合立案条件，于是立案展开调查。在对某企业法定代表人调查过程中，劳动监察执法人员制作了询问笔录，调取了用人单位的工资表。在询问笔录中，用人单位承认张某为本单位职工，于1997年3月11日进入该单位工作，2007年7月11日被单位辞退。在调取的工资表中，也能反映出张某自1997年3月至2007年7月在单位工作，按月领取工资。单位还反映：2007年10月28日，张某向劳动仲裁委员会申请仲裁，要求恢复劳动关系并补缴社会保险费。劳动仲裁委员会于2007年12月21日依法作出裁决书，要求单位补缴社会保险费，恢复劳动关系。单位对裁决不服，向人民法院提出民事诉讼，法院于2008年4月2日作出民事裁决书，告知张某根据有关规定，补缴社会保险费问题应向劳动保障行政部门申请解决，并提供法院的判决书为证。

调查取证完毕后，劳动监察机构对本案如何处理进行了集体研究，形成了两种不同意见：第一种意见认为，对张某的投诉不予受理。理由是其投诉的违法行为的终止时间已经超过2年时效，根据《劳动保障监察条例》第20条规定，不该查处。第二种意见认为，对张某的投诉应该受理。理由是《劳动保障监察条例》第20条规定的2年时效，应该除去劳动者向劳动仲裁机构或者人民法院主张权利的时间，即从张某签收法律文书的2008年4月起算2年时效。经过充分讨论，大家集中意见认为，张某投诉某企业未为其缴纳社会保险费的违法行为的终止时间已超过2年时效，符合《劳动保障监察条例》第20条描述的情形，不应再进行查处。为此，劳动保障行政部门依据原劳动和社会保障部关于撤销立案的规定，撤销了对该企业的立案调查。同时依据原劳动和社会保障部《关于实施〈劳动保障监察条例〉若干规定》，向张某出具了《劳动保障监察不予受理告知书》。张某不服告知意见，认为劳动保障行政部门不履行职责，依法提起行政诉讼。历经一审二审，法院维持了不予受理的决定。

请问：如何确定违法行为的法定时效？

理论提示

《劳动保障监察条例》第20条规定：“违反劳动保障法律、法规或者规章的行为在2年内未被劳动保障行政部门发现，也未被举报、投诉的，劳动保障行政部门不再查处。前款规定的期限，自违反劳动保障法律、法规或者规章的行为发生之日起计算；违反劳动保障法律、法规或者规章的行为有连续或者继续状态的，自行为终了之日起计算。”

解题点拨

劳动监察机构执法处理违反劳动保障法律、法规、规章的案件与劳动仲裁机构居间裁决劳动争议案件有着根本的不同：前者为行政法律关系；后者为劳动法律关系，但在实际操作上更加类似于民事处理程序。在行政法律关系中，劳动监察机构为行政主体，用人单位为行政相对人，劳动者仅为利害关系人；在劳动仲裁过程中，劳动者和用人单位是对等的双方当事人，劳动仲裁机构仅处于居间裁决的位置。

基于此，《劳动保障监察条例》第 20 条作出的关于 2 年时效的规定是行政法规针对行政法律关系的主体——劳动保障行政部门设定的，要求劳动保障行政部门在一定时效期限内通过行政执法手段追究用人单位的违法责任，所以《劳动保障监察条例》将时效的起算点设定为违法行为发生之日或终了之日。

拓展阅读

对于劳动保障监察的具体实施，首先要了解《关于实施〈劳动保障监察条例〉若干规定》，同时，还要了解其他关于用工方面的法律法规，可以参考下列文献进一步了解。

（1）劳动和社会保障部．关于实施《劳动保障监察条例》若干规定．2004 - 12 - 31.

（2）张扬，郭旺生，吴春婉．劳动用工完全法律指南：双色图文版．北京：中国法制出版社，2013.

参考文献

［1］闫宝卿．劳动保障监察案例选编．北京：中国劳动社会保障出版社，2010.

［2］程延园．劳动关系．北京：中国人民大学出版社，2002.

［3］石润民．劳动关系管理焦点实务百问百答．北京：经济科学出版社，2013.

思考题

1. 简述劳动保障监察的含义及特点。
2. 简述劳动保障监察的对象。
3. 试述劳动保障监察的范围。
4. 简述《劳动法》对延长工作时间规定支付工资报酬的具体内容。
5. 劳动保障监察的实施形式有哪些？
6.《劳动保障监察条例》作出的关于违法行为时效的规定是多长时间？

第六章　企业劳动规章制度

导　读

企业劳动规章制度，是指企业依据国家法律法规并根据企业自身特点制定的，明确劳动条件、调整劳动关系、规范劳动关系当事人行为的各种规章制度的总称。在本章的阅读里，主要掌握以下要点：

1. 企业劳动规章制度是指用人单位根据法律法规制定的，用以确定、调整劳动关系且对本单位全体成员均具有约束力的规章制度的总称。对违反企业劳动规章制度的员工，用人单位有权根据企业劳动规章制度进行处理，直至解除劳动关系。

2. 企业劳动规章制度的制定必须依照一定的法定程序。用人单位制定劳动规章制度一般要经过酝酿起草、讨论确定、公开公示、上报备案等步骤，即建立健全企业劳动规章制度，必须做到内容合法、程序规范、公开透明。

3. 企业劳动规章制度主要包括八个方面，即劳动报酬、企业工时、休息休假、劳动安全卫生、福利保险、职工培训、劳动纪律、劳动定额管理的内容。

学习目标

1. 了解　企业劳动规章制度的概念，以及劳动规章制度在企业劳动关系调整中的地位和作用。

2. 理解　企业劳动规章制度订立的基本程序。

3. 掌握　企业八项劳动规章制度的基本框架及主要内容。

第一节　企业劳动规章制度概述

企业劳动规章制度也称企业内部劳动规则，是企业内部的“法律”。为规范企业管理和员工行为，保护双方合法权益，构建和发展和谐劳动关系，推进企业健康发展，企业可以根据《劳动法》《劳动合同法》等法律法规，并结合本企业实际情况，制定企业内部劳动规则。劳动规则的内容必须符合国家相关劳动法律法规，劳动规则对企业及全体员工都具有法规约束力。

➢ 知识点 6－1－1　企业劳动规章制度对全体员工均具有法规约束力

典型案例 6－1－1

老方是一家公司仓库的保管员，公司的材料都由他统一管理。老方的习惯不好，总喜欢晚上喝点酒，酒后贪睡。由于这个原因，仓库材料多次险些被偷盗，好在均被保安及时发现，才没有出问题。为此老方多次被公司口头警告，他也向公司做过书面检讨，并暗下决心不再当班喝酒。2010 年 6 月的一个晚上，老方当晚值守仓库。那天，恰逢老方家里孙子出生，他一时兴起，又喝了两杯老白干。老方当时心想不会那么倒霉吧，刚喝酒就出事。“越怕鬼就越见鬼”这句话不幸灵验了，当晚老方在酒精的催化下酣睡至深夜。第二天一早，老方发现仓库大门大开，很多材料被盗，他后悔不已。公司认为老方违反公司管理规定，上班喝酒，玩忽职守，给公司造成了重大经济损失，按规定决定给予开除处分。

请问：公司有权开除老方吗？

理论提示

企业劳动规章制度是用人单位根据国家法律法规和企业自身特点制定的，明确劳动条件、调整劳动关系、规范劳动关系当事人行为的各种规章制度的总和。企业劳动规章制度对全体员工均具有法规约束力。市场经济环境下，国家劳动法律法规以及企业劳动规章制度，是规范企业行为的基本准则，是企业进行优良管理的重要手段，同时也是预防和解决劳动争议的重要依据。

理解企业劳动规章制度的内涵，要把握以下四个方面：①制定企业劳动规章制度必须依法合法；②必须根据企业自身状况制定劳动规章制度；③企业劳动规章制度内容涉及广泛，它是以企业为主体，以企业生产劳动过程以及与劳动关系有关的事项为调整对象；④企业劳动规章制度是企业用工自主权和员工参与民主管理相结合的产物。

解题点拨

企业应当充分重视和正确发挥劳动规章制度的重要作用。科学、全面、完善的企业劳动规章制度具有重要作用，主要体现在以下3个方面：一是制度规范作用。企业劳动规章制度可以应用于企业标准化管理，可以规范员工的行为，可以提高员工工作积极性，保障企业各项工作顺利开展、企业经济效益不断提高。二是制度信誉作用。系统、完善的企业劳动规章制度，能够获得广大客户及企业合作伙伴的信任，从而赢得商业机会，树立企业形象，促进企业长远发展。三是制度补充作用。企业规章制度还可弥补国家法律法规对企业具体管理缺乏针对性以及难以详尽的不足，起到补充国家法律规定的作用。

诚然，企业劳动规章制度制定的出发点始于保障企业运作的目的，而不是首先为了保护劳动者。但是，由于制定企业劳动规章制度，内容上不能与国家的法律法规和政府的有关政策相矛盾；与员工利益密切相关的重大规章制度，必须经职工代表大会或职工大会决议通过，或者征求工会的意见；企业劳动规章制度必须公开告知全体职工。正是上述原则及限定，确保了企业劳动规章制度的合法性及其法力效用。

而劳动纪律是企业劳动规章制度的重要内容，对企业全体成员均有约束力。对于违反企业劳动纪律的员工，企业有权依据劳动规章制度进行处理，严重违反的，甚至可以解除劳动关系。本案中，如果该公司的劳动管理规章制度内容合法，且属于依法建立，那么公司就有权依据该规定开除老方。

➢ 知识点6－1－2　企业劳动规章制度的内容必须符合现行劳动法律法规

典型案例6－1－2

2012年1月，姜某与一酒店签订了为期5年的劳动合同，合同中约定他的工作职责是负责客房接待和打扫卫生。某日下班后，酒店领导让他到厨房帮助择菜，他顺口答应了。但是此后，每天他都被安排做同样的活儿，他觉得不合理，于是便拒绝去厨房干活儿。后来，酒店领导又安排姜某去洗衣房帮助洗衣服，他仍坚持不去。2013年7月，酒店以违反酒店规章制度、不服从领导安排为由，解除了姜某与酒店之间的劳动合同。依据是酒店的规章制度中明文规定，因工作需要，职工在完成上班时间工作任务后，酒店领导有权安排其从事不超过1小时的其他劳动。

请问：酒店的做法合法吗？

理论提示

我国劳动法规定了用人单位有依法建立和完善企业劳动规章制度的权利和义务。用人单位依法制定的企业劳动规章制度，可以作为人民法院审理劳动争议案件的依据。尽管劳动法对用人单位内部规章制度并无具体的法律规定和限制，但根据最高法院有关司法解释的规定，用人单位的劳动规章制度必须依法建立，劳动规章制度的内容必须合法。只有满足上述条件，企业劳动规章制度才能产生法律效力，才能作为审理劳动争议案件的依据。

企业制定的劳动规章制度主要包括：劳动合同管理、工资管理、社会福利保险待遇、工时休假、职工奖惩、工资分配、劳动保护，以及其他劳动管理规定等。由于不同企业生产经营领域及方式各不相同，故而企业所制定的劳动规章制度也普遍存在差异，形式和内容也是多种多样。但无论如何，企业自行制定的劳动规章制度的内容必须合法，不得与现行法律法规相抵触或者相冲突。

解题点拨

企业劳动规章制度是规范劳动者个人与用人单位之间的个别劳动关系的基本规范，是订立劳动合同的基本依据，有利于保障企业和劳动者双方的权利义务。按照我国《劳动合同法》的规定，劳动者严重违反劳动纪律或者用人单位规章制度的，用人单位可以解除劳动合同。酒店正是依据内部劳动规章制度对姜某作出解除劳动合同的决定的，做法似乎合理合法。

但是，本案中，酒店劳动规章制度中关于“因工作需要，职工在完成上班时间工作任务后，酒店领导有权安排其从事不超过 1 小时的其他劳动”的规定，违反了劳动法律中关于劳动者延长工作时间应当支付延长工作时间的相应报酬的规定，该规章制度是无效的。酒店是依据该无效的规章制度所作出的解除劳动合同的决定，所以应当予以撤销。

如果确因工作需要，酒店需要安排加班，必须与劳动者进行协商，并支付延长工作时间的劳动报酬。

拓展阅读

劳动者对企业劳动规章制度的了解对于维护自身权益相当重要，劳动保障部门工作人员也要对企业劳动规章制度有相当的了解才能顺利开展工作，请参阅以下文献，进一步了解关于企业劳动规章制度方面的知识。

丁建安. 企业劳动规章制度研究. 北京：中国政法大学出版社，2014.

第二节　企业劳动规章制度制定程序

企业劳动规章制度必须通过民主程序制定，一般应遵循以下四大程序：一是由用人单位法定代表人或负责人提出草案；二是提请职工代表大会或全体职工讨论修改；三是由职工代表大会或全体职工审议通过并向劳动者公示；四是报送劳动行政部门审查备案。只有符合上述程序的企业劳动规章制度才具有法律效力。

➢ 知识点 6－2－1　企业劳动规章制度的制定程序

典型案例 6－2－1

陈某系某市一企业职工。一天早晨，为急着回老家看望病重的父亲，陈某便手写了一张请假 5 天的假条，用传真的方式传到了公司的自动传真机上，当时公司对此做法并没有明确答复。5 天后，陈某回公司上班，公司给了他一份解除劳动合同的通知书。通知书中以陈某未向公司请假，无正当理由缺勤旷工 3 天以上为理由，根据公司《劳动管理制度》中"职工无正当理由不请假，连续缺勤 3 天以上，属严重违纪，公司可立即解除劳动合同"的规定，与陈某解除了劳动合同。陈某不服，向当地劳动争议仲裁委员会申诉，要求"撤销公司解除劳动合同的决定，恢复劳动合同关系，继续履行合同"。经仲裁庭审理，陈某回家看望病重的父亲是真实的，公司虽在《劳动管理制度》中规定"职工无正当理由不请假，连续缺勤 3 天以上，属严重违纪，公司可立即解除劳动合同"，但该《劳动管理制度》未与工会或职工代表进行协商，只是在公司内向员工公布过。仲裁庭认为，该公司制定的《劳动管理制度》程序不合法，不能作为处理劳动争议的依据。公司与陈某解除劳动合同的依据不足，应予撤销。

请问：公司应该从本案中吸取哪些教训？

理论提示

《劳动法》规定，用人单位有建立和完善劳动规章制度的权利和义务，企业劳动规章制度的制定必须依照一定的法定程序，即一般要经过酝酿起草、讨论确定、公开公示、上报备案等步骤，以保障企业劳动规章制度内容合法、程序规范、公开透明。

《劳动合同法》还规定，用人单位在制定、修改或者决定有关劳动报酬、工作时间、劳动纪律等直接涉及劳动者切身利益的规章制度或者重大事项时，应当经职工代表大会或者全体职工讨论，提出方案和意见，与工会或者职工代表平等协商确定。用人单位应当将直接涉及劳动者切身利益的规章制度和重大事项公示，或者告知劳动者。

如果用人单位未按上述程序规定建立劳动规章制度，属于违反《劳动合同法》的过错行为，应当由用人单位承担劳动者不知具体纪律而违纪的后果。

解题点拨

用人单位的劳动规章制度几乎涉及劳动关系的各个方面和劳动关系的各个主要环节，它与劳动者在劳动过程中的权利、义务密切相关。因此，用人单位制定劳动规章制度，应当有职工民主参与，劳动规章制度只有在吸收和体现职工一方的意志，或者得到职工认同的情况下，才能得到很好的实施。用人单位劳动规章制度既然对全体劳动者都具有约束力，就应当为全体劳动者知晓。

本案中，因公司制定劳动管理制度的程序不合法，劳动规章制度不发生法律效力，单位解除陈某劳动合同的决定自然也属于无效决定。该公司应从本案中吸取教训，按照法定的民主程序制定企业劳动规章制度，并报送劳动行政部门审查备案。另外，还要采取必要的方式，如给劳动者印发或在主要工作场所公告、悬挂公司劳动规章制度，尽到告知、提醒、敦促、监督的义务，真正发挥企业劳动规章制度的管理作用。

➢ 知识点 6－2－2　企业劳动规章制度必须向全体员工公示

典型案例 6－2－2

某公司于 2008 年 1 月 5 日对其原有规章制度进行修订，增加了部分条款，但是没有采取任何民主程序，且没有将新制定的条款向员工公示。2008 年8 月

1 日，该公司根据规章制度解雇员工胡某，胡某不服，向劳动争议仲裁委员会申请仲裁。胡某提出公司规章制度制定程序不合法，且公司没有向其公示。该公司在答辩时表示据以解雇胡某所使用的规章制度条款是在 2008 年 1 月 1 日前制定的，可以作为解雇胡某的法律依据。

请问：公司解雇胡某合法吗？

理论提示

《劳动合同法》规定用人单位应当依法建立和完善劳动规章制度，保障劳动者享有劳动权利、履行劳动义务。用人单位在制定、修改或者决定有关劳动报酬、工作时间、休息休假、劳动安全卫生、福利保险、职工培训、劳动纪律以及劳动定额管理等直接涉及劳动者切身利益的规章制度或者重大事项时，应当经职工代表大会或者全体职工讨论，提出方案和意见，与工会或者职工代表平等协商确定。在规章制度和重大事项决定实施过程中，工会或者职工认为不适当的，有权向用人单位提出，通过协商予以修改完善。用人单位应当将直接涉及劳动者切身利益的规章制度和重大事项决定公示，或者告知劳动者。

解题点拨

《劳动合同法》规定了用人单位制定涉及劳动者切身利益的规章制度的民主程序，因此，2008 年 1 月 1 日之后所制定的规章制度，如果没有按照《劳动合同法》所规定的民主程序制定，原则上是不能作为用人单位管理依据的。

用人单位在《劳动合同法》实施前制定的规章制度，必须按照《劳动合同法》规定的民主程序抓紧修改。并向劳动者公示和告知才可以作为用人单位用工管理的依据。因此，《劳动合同法》实施后，用人单位制定、修改直接涉及劳动者切身利益的规章制度或者重大事项时，未经过《劳动合同法》规定的民主程序的，原则上不能作为用人单位用工管理的依据。

另外，公司公示劳动规章制度也要注意方式、方法，不能只在公司中、高层管理干部中一宣布或者往公司公告栏上一贴就万事大吉。因为企业员工有很大的流动性，不可能每新进一名员工就公告张贴一次，也不能保证新进员工都能够看到公告张贴。值得推广的方法就是，将企业各项规章制度以及需要员工了解的各种政策都统一印制在《企业员工手册》上，员工人手一册且必须签字确认。这样，既能够保证每一名员工都可以及时了解公司劳动规章制度及其修订情况，同时又能够为企业劳动规章制度予以公示、告知保存书面证据。

拓展阅读

用人单位制定规章制度必须遵循法定程序，否则制定出来的规章制度无效，请参阅以下文献，拓展这方面的知识。

石先广. 劳动合同法下的企业规章制度制定与风险防范. 北京：中国劳动社会保障出版社，2008.

第三节 企业八项劳动规章制度

企业劳动规章制度是企业依据国家相关劳动规章制度，综合考虑企业生产经营管理的实际需要，针对性制定的适合企业自身实际的管理制度。符合国家法律法规、经过合法程序制定的企业劳动规章制度，对于维护劳动者合法权益、提高劳动生产效率、促进企业和谐劳动关系发展具有非常重要的意义和作用。

企业劳动规章制度内容广泛，涉及劳动生产管理的方方面面，但劳动报酬制度、企业工时制度、休息休假制度、劳动安全卫生制度、福利保险制度、职工培训制度、劳动纪律制度以及劳动定额管理制度八项劳动规章制度，是每个企业及劳动关系管理人员必须了解和掌握的。

➢ 知识点 6-3-1　劳动报酬制度的基本框架及其主要内容

典型案例 6-3-1

《××企业劳动报酬管理若干规定》

根据国家法律法规规定，结合本公司实际，就劳动报酬有关问题规定如下：

1. 劳动者的最低工资不得低于市最低工资标准；加班加点工资、各类津贴、补贴和福利保险待遇不含在最低工资内。

2. 公司实行结构工资制。劳动者的工资总额包括基础工资、岗位工资、工龄工资、加班加点工资、奖金、津贴和补贴。劳动者的基本工资（标准工资）包括基础工资、岗位工资和工龄工资。

3. 劳动者的基本工资作为加班加点工资的计算基数（日工资 = 月标准工资 ÷ 21.75 天；小时工资 = 月标准工资 ÷ 174 小时）。加班加点工资是正常日工资或小时工资的法定倍数。

4. 休息日安排加班，可以安排补休的不支付加班工资。加班工资支付标准为：平时加班的支付基本工资的 150%；休息日加班的，支付基本工资的 200%；法定休假日加班的，支付基本工资的 300%。

5. 公司为每个劳动者在银行开设工资账户，实行委托银行代发工资。工资发放时向劳动者提供工资清单（电脑打印的工资单）。工资发放时间为每月 15 日前发放前一个月工资。对于依法解除或终止劳动合同的人员，应在 3 日内一次性付清工资以及依法享受的经济补偿金。

6. 劳动者医疗期内累计不超过 6 个月的，其病假工资为：工龄不满 5 年的为本人标准工资的 60%；工龄满 5 年不满 10 年的为本人标准工资的 70%；工龄满 10 年以上的为本人标准工资的 80%。病假工资的生活费标准不得低于最低工资标准的 80%。

7. 劳动者被处罚款或赔偿，可以在工资中扣除，扣除标准为每月不超过标准工资的 20%；扣除后，不得低于当地最低工资标准。单位无正当理由不得扣除劳动者工资。

8. 劳动者依法休假期间（节日休假、年休假、探亲假、婚假、丧假、产假）工资照发。因私事请假的不予发放工资。

9. 劳动者依法参加社会活动、脱产学习、因公出国等基本工资照常发放。

10. 公司为劳动者在工资收入中代扣代缴有关税费，主要包括个人所得税、个人负担的社会保险费、住房公积金、赔偿和罚款、事假减发工资以及法律法规规定可以扣除的工资或费用。

11. 公司建立工资正常增长机制。每年第二季度开展工资集体协商。公司经济效益较好时，应及时为劳动者提高相应的劳动报酬。

12. 实施本规章制度发生劳动争议时，可由单位调解组织予以协商调解。调解无效的，可以向当地劳动争议仲裁委员会提出申请仲裁。

13. 本规定自公布之日起生效。

请问：企业该如何制定出一套科学合理的劳动报酬制度？

理论提示

劳动报酬是劳动者付出体力或脑力劳动之后所应得的报酬，体现的是劳动者创造的社会价值。劳动者获得正当的劳动报酬是不可侵犯的权利。企业建立科学合理的劳动报酬制度是发展和谐劳动关系的重要内容。

《劳动合同法》第30条明确规定："用人单位应当按照劳动合同约定和国家规定，向劳动者及时足额支付劳动报酬。用人单位拖欠或者未足额支付劳动报酬的，劳动者可以依法向当地人民法院申请支付令，人民法院应当依法发出支付令。"

《劳动合同法》第18条还明确规定：劳动合同对劳动报酬和劳动条件等标准约定不明确，引发争议的，用人单位与劳动者可以重新协商；协商不成的，适用集体合同规定；没有集体合同或者集体合同未规定劳动报酬的，实行同工同酬；没有集体合同或者集体合同未规定劳动条件等标准的，适用国家有关规定。

解题点拨

企业劳动报酬体系和薪酬内容十分广泛，其中"结构工资制"是企业劳动报酬制度的核心内容。劳动报酬制度侧重于工资支付保障制度方面的内容。用人单位在生产过程中支付给劳动者的全部报酬包括三部分：一是货币工资，用人单位以货币形式直接支付给劳动者的各种工资、奖金、津贴、补贴等；二是实物报酬，即用人单位以免费或低于成本价提供给劳动者的各种物品和服务等；三是社会保险，指用人单位为劳动者直接向政府和保险部门支付的失业、养老、人身、医疗、家庭财产等保险金。劳动报酬一般也称为薪酬，主要包括工资、奖金、福利、津补贴、股权等具体形式。

工资是用人单位支付给劳动者的货币形式的报酬。用人单位应根据本单位的生产经营特点和经济效益情况，依法自主确定本单位的工资方式和工资水平。作为劳动关系管理者，必须学会收集、掌握国家以及地方有关劳动报酬的相关规定，借鉴同行业的先进经验，才能为企业制定出一套科学合理的劳动报酬制度。

➢ 知识点6-3-2　企业工时制度的基本框架及其主要内容

典型案例6-3-2

《××企业工作时间管理若干规定》

根据国家有关法律法规之规定，结合本企业实际，就企业有关工作时间问题规定如下：

1. 实行8小时工作制，即实行每天工作8小时，每周工作40小时的标准工时制度。

2. 在特殊岗位工作的劳动者，经人力资源和社会保障部门批准实行不定时工作制度或综合计算工时制度。实行以上工时制度的岗位人员和办法另行规定。

3. 劳动者正常上班时间为：上午8：00—12：00；下午13：30—17：30。

4. 根据生产需要，经与劳动者协商可依法延长劳动工作时间。但每日延长工作不超过3小时，每月工作时间最长不超过36小时。

5. 劳动者经批准加班的，按规定支付加班加点工资或安排补休。

6. 实施本规定发生劳动争议时，可由单位调解组织予以协商调解，调解无效的可向当地劳动争议仲裁委员会申请仲裁。

7. 本规定自发布之日起生效。

请问：企业该如何根据生产经营需要、自身岗位或工种的性质来制定工时制度？

理论提示

根据我国劳动法律法规，企业用工可以实行标准工作时制、不定时工作制，以及综合计算工时制三种工时制度，三者在岗位适用要求、工作时间、加班费支付、休息权保障等方面存在较大的区别。

岗位实行不定时工作制或综合计算工时制，必须由用人单位报经劳动行政部门审批同意，批准其实行时限为1~3年。企业若出现企业法人名称发生变化、综合计算工时工作制或不定时工作制批准实行时限已满，以及企业实行综合计算工时工作制或不定时工作制的工种岗位发生变化等情形，应当重新申报。企业实行综合计算工时工作制或不定时工作制，应当与工会、职工代表大会或劳动者协商。企业的工作和休息制度，应向全体职工公示。

解题点拨

工时方法是国家以法律形式，强制规定企业员工每日或每周工作的最长限度。工作时间是法律规定劳动者的最长限度。工作日是指法律规定的以日为计算单位的工作时间。企业必须认真贯彻执行国家相关工时制度，在执行过程中应该注意以下四方面问题：一是合理安排职工的工作时间；二是加强对实行不定时和综合计算工时工作制的审批和管理；三是建立健全工时管理和监督制度；四是加大对企业违法行为的查处力度。

企业在严格执行国家标准工时制的同时，可以根据生产经营需要、根据自身岗位或工种的性质，实行不定时工作制或综合计算工时制，以加大公司用工的灵活性，节省企业用工成本。

➢ 知识点 6－3－3　休息休假制度的基本框架及其主要内容

典型案例 6－3－3

《××企业关于休息休假管理的若干规定》

根据国家法律规定，结合本单位实际，就休息休假问题规定如下：

1. 劳动者的法定休假日：元旦 1 天、春节 7 天、清明节 1 天、五一节 3 天、中秋节 1 天、国庆节 3 天、端午节 1 天。

2. 劳动者的休息日：星期六、星期日。

3. 年休假。工作满 1 年未满 5 年者 5 天，满 5 年未满 10 年者 7 天，满10 年未满 20 年者 10 天，满 20 年以上者 14 天。年休假也可以与春节一起连休。

4. 婚假。劳动者本人结婚（男年满 22 周岁，女年满 20 周岁），可享受婚假 3 天。晚婚者（男年满 25 周岁，女年满 23 周岁）增加 10 天。

5. 产假。产假 98 天，其中产前 15 天；难产者增加 15 天；多胞胎生育的，每多生育一个婴儿增加产假 15 天；实行晚育者（女 24 周岁以后生育第一胎）增加产假 30 天；领取《独生子女证》的增加产假 35 天，同时给男方看护假 10 天。计划生育假根据具体情况给予适当假期。

6. 丧假。劳动者直系亲属死亡，可享受丧假 3 天；员工配偶父母去世，经批准给予 3 天以内丧假。

7. 探亲假。劳动者与配偶或父母分居两地、在公司工作满 1 年以上且公休假日不能在家居住一夜和半个白天的，可安排探亲。探望配偶的每年 1 次 30 天，未婚职工探望父母的每年 1 次 20 天，已婚职工探望父母的每 4 年 1 次 20 天。

8. 工休休息。劳动者在上午、下午各有 15 分钟的工间休息时间。

9. 喂养 10 个月以内婴幼儿需哺乳的，工休时间可延长 15 分钟。

请问：企业该如何根据自己的实际情况，在劳动和社会保障法的规定下，灵活地制定休息休假制度？

理论提示

休息休假时间是指劳动者在国家规定的法定工作时间之外，免于履行劳动义务而自行支配的时间。国家确定休息时间主要遵循以下原则：一是实现宪法规定的公民享有的休息权。二是实施劳动法规定的我国工作时间和休息休假制度。三是国家依照法律保障劳动者劳逸结合，有充足的精力，更好地从事社会主义建设。四是保证劳动者有更多的机会参加文化娱乐、科学技术学习，提高自身的修养和情趣。五是保证劳动者有必要的时间料理家务，教育子女，改善健康状况和生活环境等。

我国的休息休假可以分为以下几种：①工作日内的间歇时间；②每周公休假日；③每年法定节假日；④职工探亲假；⑤年休假。

休假天数包括公休假日（星期日），但不包括法定假日。休假期间，劳动者工资、福利待遇照发。

解题点拨

每昼夜、每日、每周、每年及特殊情况下享受休息休假是每一个劳动者的基本权利。休息休假制度的制定与实施，体现了政府对劳动者的福利政策，体现了用人单位对劳动者的关心与爱护，对于尊重劳动者的体面工作、调动劳动者的工作积极性具有重要意义。

用人单位在规定休息休假制度的时候，一般对法定休假日和公休假日没有疑义，且能够普遍遵照执行。但对于其他的休息休假规定，各地、各单位可能会因不同的依据有所不同，如探亲假、年休假，特别是产假及计划生育假等。随着我国劳动法律法规的完善、普及以及劳动者劳动法律法规意识的增强，企业在制定休息休假制度的时候，有些条款虽然可以自主灵活掌握，但也应该参照同行业同一地区的情况，作出合情合理的规定。

➤ 知识点 6－3－4　劳动安全卫生制度的基本框架及其主要内容

典型案例 6－3－4

《××企业劳动安全卫生管理若干规定》

根据国家有关规定，认真贯彻“安全第一、预防为主”的方针，加强劳动安全卫生管理，维护劳动者健康安全，促进企业发展，特制定本制度。

1. 为劳动者提供符合国家规定的劳动安全卫生条件和必要的劳动防护用品。

2. 定期进行安全教育。及时将劳动者作业场所和工作岗位中存在的可能导致安全卫生事故或者职业病危害因素如实全面地告知劳动者。

3. 对从事有职业病危险的员工和未成年工定期进行身体检查。

4. 劳动者发现直接危害人身安全的紧急情况时，有紧急避险的权利，可以采取停止作业或者采取可能的应急措施后撤离作业场所。

5. 加强劳动安全卫生培训，使劳动者熟悉安全生产制度和安全生产操作规范（详见安全生产操作规范）。

6. 对女职工和未成年工实行特殊劳动保护，不安排女职工和未成年工从事法律法规禁止的劳动。

7. 实行劳动安全生产责任制。部门领导（主管）或车间主任对本部门的安全问题负责；法定代表人、总经理、安全组长对全公司安全问题负责。企业设立安全管理小组，组长由办公室主任担任，各部门负责人为成员，负责日常劳动安全卫生工作。

8. 公司制定的企业生产安全事故、职业病预防和应急处理措施，要根据实际情况不断调整完善。

请问：企业应如何科学编制劳动安全卫生管理制度?

理论提示

我国劳动安全卫生管理制度隶属于劳动保护管理制度。除劳动安全卫生管理制度外，劳动保护管理制度还包括安全生产管理制度和职业病防治管理制度。

从国家层面来讲，劳动安全卫生管理制度主要包括安全卫生技术措施计划制度、安全卫生教育制度、安全卫生设施“三同时”制度、安全卫生认证制度和个人防护用品管理制度。这些制度分别从不同方面对一般的劳动安全卫生条件进行了明确规定，有利于维护劳动者的身体健康和安全。

从企业层面来讲，劳动安全卫生管理制度是指企业为保障劳动者在劳动过程中的安全和健康，在组织劳动和科学管理方面的各项规章制度，主要包括安全生产责任制度、安全技术措施计划管理制度、安全生产教育制度、安全生产检查制度、重大事故隐患管理制度、安全卫生认证制度、伤亡事故报告和处理制度、个人劳动安全卫生防护用品管理制度、劳动者健康检查制度等内容。其中，安全生产责任制、安全生产教育制、安全生产检查制、安全生产监察制最为核心。

解题点拨

劳动安全卫生管理制度的颁布与实施，能够有效地保障劳动者的健康权以及独立的生命权。加强劳动安全卫生制度建设，有助于强化企业安全生产，改善劳动生产条件；有助于减少生产安全隐患，减少劳动安全事故；有助于维护劳动者的身体健康和生命财产安全；有利于提高劳动者工作效率，促进企业健康发展。

用人单位除了积极贯彻和落实国家层面上原则规定的一般性劳动安全卫生制度，还应该联系用人单位实际情况对相关内容加以细化。作为劳动安全卫生管理人员及劳动关系协调员，应该学习和掌握劳动安全卫生管理方面的知识与能力，科学编制审核劳动安全卫生预算，严格执行各项劳动安全卫生管理制度，积极营造劳动安全卫生环境。

➢ 知识点 6－3－5　福利保险制度的基本框架及其主要内容

典型案例 6－3－5

《××企业福利保险管理规定》

为促进企业发展，满足员工发展需求，根据国家法律规定，结合公司实际，制定本规定。

1. 公司福利保险包括社会保险、企业年金、住房公积金和商业保险。

2. 公司为所有员工办理基本养老保险、工伤保险、基本医疗保险、生育保险、失业保险。上述险种的缴费基数及缴费比例等，均按所在省（市）规定执行。

3. 公司为所有员工办理企业年金，其缴费基数及缴费比例按所在省（市）规定执行。

4. 公司为所有员工办理住房公积金，其缴费基数及缴费比例按所在省（市）规定执行。

5. 公司为下列 14 类具有职业意外风险特征的岗位工种办理人身意外伤害综合保险（意外伤害和意外医疗险），具体岗位工种详见《员工工作手册》。

6. 社会保险中企业年金和住房公积金之员工个人缴费承担部分，由财务在当月薪资中代扣代缴，公司负担的缴费部分在公司基本账户上扣缴。

7. 参加社会保险的员工，按照当地相关规定享受相关保险待遇。

8. 劳动者离职之日起 15 日内，应当为其办理社会保险的转移手续。

9. 以上规定，由公司劳动管理部门负责组织实施。

请问：企业应如何根据国家法律法规，结合公司实际，制定企业福利制度？

理论提示

福利制度是国家或政府在立法或政策范围内，为所有对象普遍提供在一定的生活水平上尽可能提高生活质量的资金和服务的社会保障制度。社会福利制度的内涵和外延，可以从三个层次上来理解：在最广泛的意义上，它是指一切改善和提高人民物质生活和精神生活的社会措施；在中层意义上，社会福利制度基本上是社会保障的同义词；在狭义层面上，社会福利制度是社会保障的组成部分。一般情况下，中国使用狭义的社会福利概念。据此，福利可以分为不同类型。公共福利指由政府支持或提供、由国家法律或政府政策加以保障的福利，包括法定假期、法定的福利项目，如医疗保险、失业保险、养老保险、伤残保险、女员工的特殊福利及关于计划生育方面的福利，等等。企业福利一般可以归为四类，即公共福利、个人福利、组织内公共福利和生活福利。个人福利指由组织提供与员工选择相结合的福利项目，包括养老金、互助储蓄、辞退金、住房津贴、交通费、工作餐、海外津贴、人寿保险，等等。组织内公共福利指完全由组织提供的全体员工中某一群体均可享受或有机会享受的福利项目，包括病假、事假、工作间休息、集体旅游、组织自己认可的民间与国家的节日，如青年节、妇女节、中秋节、圣诞节等。生活福利指组织为员工提供的生活方面专项福利项目，包括为员工提供法律服务、心理咨询、贷款担保、托儿所、子女教育费等。

社会保险制度属于公共福利制度的范畴，是解决人们因年老、工伤、疾病、生育、失业而提供的基本生活保障，是法律强制实施的，企业和个人都必须参加。企业中实施的社会保险制度一般为“五险一金”制度。“五险”是指五种保险，包括养老保险、医疗保险、失业保险、工伤保险和生育保险；“一金”是指住房公积金。其中养老保险、医疗保险和失业保险的保费由企业和个人共同缴纳，工伤保险和生育保险完全由企业承担的，个人不需要缴纳。

解题点拨

社会保障制度，是国家根据一定的法律法规，以社会保障基金为依托，为社会成员的基本生活权利提供保障的一种制度。国家和社会，通过国民收入的分配与再分配，依法对社会成员的基本生活权利予以保障。社会保障的本质是维护社会公平进而促进社会稳定发展。社会保障体系是否完善已经成为社会文明进步的重要标志之一。

企业福利保险制度是国家社会保障制度的重要内容。除国家规定的保障项目外，企业福利的项目和内容也比较多，且各用人单位之间存在较大差异性。这是因为不同企业在同行业中的地位与效益不同，不同的企业其员工工作业绩贡献不同，不同企业对于一些特殊群体、困难群体的倾斜政策不同。企业福利保险制度对于企业员工具有激励作用。企业为员工提供的福利待遇，体现了企业作为一个团队大家庭应有的温暖，从而增强了员工之间的向心力。

➢ 知识点 6 –3 –6　职工培训制度的基本框架及其主要内容

典型案例 6 –3 –6

《××企业职工培训管理规定》

根据企业发展战略，为开发企业人力资源，使员工适应和胜任本职工作，特制定本制度。

1. 培训旨在提升员工的知识水平、专业水平和履职能力，同时结合劳动者的职业生涯发展规划，为员工个人成长进步和企业发展创造良好的环境和条件。

2. 职工享有参加培训的权利，也有接受培训和培训他人的义务。公司提倡和鼓励员工在提高专业知识、工作技能和综合素质方面自主学习。

3. 对新进员工进行入职前培训，培训内容包括企业文化、制度学习、岗位实习三大部分。培训考核不合格者，公司予以辞退。

4. 在职员工培训包括四方面：

（1）岗位培训。采用部门内训方式，主要掌握新理论、新知识、新技能等。

（2）转岗培训。为适应新岗位要求补充必要的理论、知识和技能。

（3）升职培训。针对拟升职岗位的要求，补充必要的理论、知识、技能，以尽快胜任新工作。

（4）专业培训。针对某一专题的培训，内容为专业的新动态、新知识、新技能等，可采取灵活多样的培训形式。

5. 培训方法。主要采取内训和外训相结合的方法。对一些特殊人才的培训可以采取到高校进修或到国外考察的办法。

6. 培训工作要防止形式主义，注重实效。考试成绩记入个人档案，作为转正、升（降）级、晋（降）级、转岗的重要依据。

7. 劳动者主动参加与本职工作相关的专业学习或参加职业技能培训，并取得相应证书（学历证书、专业技术证书），培训学习费用由企业承担，负责报销。劳动者参加培训学习要及时到公司劳动工资管理部门备案。

8. 公司劳动工资管理部门会同相关部门负责制订年度培训计划，经公司负责人批准后实施。

请问：企业应如何根据企业和职工的需要健全职工培训制度？

理论提示

企业职工培训制度是指企业根据工作需要，对在职员工的思想政治、职业道德、管理知识、技术业务、操作技能等方面进行教育训练的有关规定。企业职业培训以培养和提高在职员工的技术业务知识和实际操作技能为目标。《劳动法》及国家人力资源与社会保障部门，对于企业职业培训都制定了相关管理规定，全面实行职业资格证书制度，要求从事技术工种的劳动者就业上岗必须培训，其他岗位的劳动者在就业或上岗前接受必要的培训。企业职工培训一般包括基本素质培训、职业知识培训以及专业知识与技能培训等内容。企业职工培训具有较强的针对性、实用性和灵活性，注重职业培训与实际生产相结合，理论知识教育与实际操作训练相结合。

解题点拨

企业之间的竞争，归根结底在于企业人才之间的竞争。员工是企业系统的基石，更是企业核心竞争力的重要体现。企业人才的拥有量、员工队伍综合素质的高低，将决定企业在竞争中的成败。因此，健全完善职工培训制度，是企业发展战略的重要内容。一方面，企业要尽可能地获取优秀人才，建立一支优秀的团队；另一方面，企业要加大教育培训力度，采取有效措施，提升企业每一名员工的职业素养和职业技能。

企业职工培训是劳动者个人成长进步和企业发展的重要途径，既可以培养、促进企业发展所需的各类人才，同时又可以更多更好地创造商品、服务等物质财富，获得社会和经济的双重效益。企业应该建立健全职工培训制度，强化员工职业素质提升工程，努力打造具有高度责任感、良好工作态度与工作习惯、服从意识与合作意识、精湛技能技巧的职业化员工团队。

➢ 知识点 6－3－7 劳动纪律制度的基本框架及其主要内容

典型案例 6－3－7

《××公司劳动纪律奖惩制度》

为了维护公司生产和工作秩序，更好地规范员工的行为，根据国家有关规定和本单位实际情况制定本制度。

一、奖励

1. 奖励的范围。下列情况之一给予奖励：

（1）对生产技术或者管理制度提出改革创新有成绩者；

（2）对增产节约，采取措施提高经济效益有贡献者；

（3）个人业务、经营业绩完成情况优异者；

（4）对于生产工作中出现的险情、突变处置得当，使公司利益免受重大损失者；

（5）对国家、社会立功，为公司的社会形象做出重大贡献者；

（6）超额完成工作任务或完成重要突击任务者；

（7）一贯忠于职守、认真负责、廉洁奉公，具有高度奉献和敬业精神者；

（8）获得政府、社会、行业专业奖项，为公司争得重大荣誉者；

（9）培养和举荐人才成绩显著者；

（10）对公司利益和发展做出其他显著贡献者。

2. 奖励项目。主要奖励项目包括：

（1）年度专业或成就奖，优秀员工、优秀管理者、创新奖，等等。

（2）根据企业经营状况每年评选的年度相应奖项。

（3）根据员工的表现和实际情况及时给予的奖励。

3. 奖励方式。主要有以下奖励方式：

（1）通报嘉奖；

（2）发放奖金；

（3）奖励性假期或旅游；

（4）外部培训或到高校进修；

（5）出国考察；

(6) 加薪;

(7) 晋升。

4. 奖励程序。劳动者授奖由主管部门提出申请，经企业劳动工资管理部门提出意见报总经理，经总经理批准后，根据奖励的级别与方式，由劳动工资管理部门发布奖励通知，同时将员工获奖情况记入档案。

二、惩罚

1. 惩罚。包括批评、警告、记过、降职和辞退。

2. 有下列行为者，给予批评:

(1) 上下班不佩戴厂徽（工牌)、不穿工作服、迟到、早退、外出不登记者;

(2) 委托他人打卡或代替他人打卡者;

(3) 乱扔垃圾、随地吐痰、不及时认真清扫卫生区者;

(4) 擅离职守、串岗聊天者;

(5) 不讲礼貌，说脏话粗话不文明者;

(6) 在工作区域内打闹，大声喧哗者;

(7) 未按指定位置，乱堆放杂物或随意摆放车辆者;

(8) 食堂就餐乱倒饭菜，浪费食物者;

(9) 下班不按规定关电、关水、关气、关窗、关门者;

3. 有下列行为者，给予警告:

(1) 工作时间打私人电话达半个小时以上者;

(2) 工作时间看无关书籍、网站、做与工作无关的事情者;

(3) 妨碍生产工作秩序，不听劝告者;

(4) 不能按时完成工作任务，未造成损失又不及时说明原因者;

(5) 在工作中造成经济损失在500元以下者;

(6) 在消防通道乱放物品，阻塞交通或造成消防仪器设备损失在500元以下者;

(7) 一个月内累计3次受到批评者。

4. 有下列行为者，给予记过:

(1) 浪费公物、损坏公物，影响公司正常生产秩序者;

(2) 对违纪行为知情不报或隐瞒真相者;

(3) 谩骂吵闹、挑拨离间、搬弄是非、损害团结、影响正常工作秩序者;

(4) 工作时间酗酒者;

(5) 不服从主管人员合理指导，屡劝不听3次以上者;

（6）培训期间无故旷考者；

（7）发生事故不采取对应措施，使公司利益损失在2 000元以下者；

（8）年度累计警告3次者。

5. 有下列行为者，给予降职：

（1）不执行上级指示，未能如期完成任务者；

（2）伪造病假单证明或提供虚假病历者；

（3）瞒报、虚报骗取荣誉、成绩或个人私利者；

（4）不严守保密规定，对公司利益造成一定损害者；

（5）发生事故不采取应对措施，使公司造成2 000～10 000元经济损失者；

（6）拾物归己，价值在200元以上者；

（7）培训考试作弊或为作弊者提供方便者；

（8）年度内累计记过2次者。

6. 有下列行为者给予辞退，对公司造成损失的依法追究其法律责任。

（1）经常产生废品，损坏设备工具，浪费原材料、能源，造成经济损失者；

（2）聚众闹事，打架斗殴影响生产秩序、工作秩序和社会秩序者；

（3）窃取公司机密，向外界泄露并收取好处者；

（4）玩忽职守，致使公司损失10 000元以上经济损失者；

（5）影响本职工作，从事劳工职业者；

（6）挪用公款，偷盗财务或有贪污受贿行为者；

（7）擅自携带公安管制刀具或易燃、易爆危险用品入公司者；

（8）严重违反公司各项规章制度者；

（9）年度内累计记过3次者。

7. 处罚程序。

（1）劳动者受处分一般由所在部门主管提出，经劳动工资管理部门调查审核后，报总经理决定后执行。

（2）劳动者受处分时，在公司内通报（公示），记过以上处罚记入个人档案，受到开除处分的报上级主管部门和人社部门备案。

（3）劳动者对处分不服的，可以上诉，但在未改变之前仍按原规定执行。

8. 本制度与国家法律法规有抵触的，按国家法律法规执行。本制度解释权归公司劳动工资管理部门（处、科）并由劳动工资管理部门（处、科）监督执行。

请问：企业应如何结合自己的实际情况制定严格科学的劳动纪律奖惩制度？

理论提示

劳动纪律制度是劳动者在劳动过程中必须遵守的劳动规则和秩序，是保证劳动者按照规定的时间、质量、程序和方法，完成自己所承担工作任务的行为准则。加强劳动纪律制度建设以及劳动纪律管理，是维护企业生产和工作秩序、提高劳动生产率的重要措施。

理论上讲，劳动纪律制度应该包含奖励和惩罚两方面，劳动纪律制度一般也是以奖惩制度的形式来呈现的。但在实际操作过程中，劳动者普遍关注的则是劳动纪律的惩戒方面。惩戒事由也因企业性质不同而千差万别，大致可以概括为以下四个方面：一是确保劳动力正常提供、劳务管理必须；二是保全防止物资损害；三是事业场内外不诚实行为、不当行为；四是与从业人员地位有关的义务。

解题点拨

企业劳动纪律制度是严格科学管理，完善企业各种经济责任制的必要条件。严明的企业劳动纪律制度，有利于企业文化建设，有利于社会主义精神文明建设。科学制定劳动纪律，是保证企业组织正常生产、维护工作秩序、提高劳动效率、保证劳动者安全所必需的。而遵守和执行企业劳动纪律制度，是每一名劳动者必须承担的重要义务。

需要注意的是，劳动纪律制度涉及奖惩权的使用，主要起到对违规者的适度惩戒作用，从而维护生产秩序，保证劳动契约顺利履行。制定惩戒事由时，必须遵守目的、手段和程序正当性的原则。如果企业劳动纪律制度的内容违反国家相关劳动法律法规，则企业自行制定的劳动纪律制度无效。

此外，企业还要通过形式多样的宣传教育活动，加强员工劳动违纪事前教育，引导全体员工严格遵守国家法律、法规和公司各项规章制度，遵守劳动纪律，规范个人行为。加强违纪警示教育，剖析各种典型反面事例及其严重危害，使员工深刻认识遵守劳动纪律的重要性和必要性，增强员工遵守劳动纪律的自觉性。

➢ 知识点 6－3－8　劳动定额制度的基本框架及其主要内容

典型案例 6－3－8

《××公司劳动定额管理制度》

为了加强劳动定额管理，挖掘企业潜力，促进生产发展，不断提高经济效益，特制定本制度。

(1) 公司采用科学的测算方法，参照本区域同行业的定额水平，确定本单位劳动定额水平，力求达到“平均先进”。

(2) 实行计件工资制的岗位，确定调整的劳动定额应当有同岗位90%以上的员工能在法定工作时间内完成。

(3) 每个车间设立劳动定额管理员（专、兼职），主要任务是掌握劳动定额完成情况，通过记录验证劳动定额的可行性与科学性。

(4) 劳动工资管理部门要先配备劳动定额管理人员，负责全公司劳动定额管理，具体任务应在其工作职责中予以明确。

(5) 劳动定额与“平均先进”发生偏差时要及时修订。确定与变更劳动定额标准，需经职工代表大会或职工大会讨论确定。

(6) 新进机器设备，可先按预设的定员定额标准组织生产，满3个月后确定需要调整的，按规定程序制定新的定员定额标准。

请问：企业应如何建立完整科学的劳动定额制度？

理论提示

劳动定额是指在一定生产条件下，生产单位产品或完成一定工作量应该消耗的劳动量标准，或在单位时间内生产产品或完成工作量的标准。劳动定额具体表现为“工时定额”和“产量定额”两种形式。劳动定额管理制度是为保证劳动定额管理工作程序而制定的一系列规范的总称，是企业开展定额管理工作的行为规范和准则。

完整的劳动定额制度包括：劳动定额对企业的作用；定额机构设置和人员职责范围分工；制定定额的依据和基本方法；修订定额期限，修改定额的方法以及定额水平调整幅度；临时修改定额的依据及处理方法的步骤；规定定额统计分析工作的报表格式、统计口径、分析方法和上报期限；规定各种定额的审查权限和工作程序等。

解题点拨

劳动定额管理制度在企业制度建设中具有重要的地位和作用。企业劳动定额管理制度是企业定额工作必不可少的基础文件，也是企业的根本制度之一。建立定额管理制度本身，就是定额管理的重要一环。劳动定额管理是企业管理的重要基础，是组织生产、提高劳动效率的手段，是进行计划管理和经济核算的基础，是贯彻按劳分配原则，衡量员工贡献大小的尺度，是实行计件工资的重要条件。劳动定额管理制度对于调动劳动者积极性，提高产品竞争力，降低生产成本，提高经济效益都具有十分重要的意义。

劳动定额管理工作是一项政策性、技术性和群众性要求都极高的专项工作，必须具备一定的专业知识和技能。建立劳动定额管理制度，关键取决于劳动定额制定的正确与否。制定劳动定额必须使各项具体定额都具有科学的依据，要全面、综合考虑对定额水平产生影响的各种因素。要做好劳动定额管理工作，成为合格的企业管理者及劳动关系协调员，都应该学习和掌握劳动定额制定方法及劳动定额管理方面的知识与技能。

拓展阅读

本节介绍了企业规章制度八项规定的主要内容，为进一步了解这方面的知识，请参阅以下文献。

陆彪. 用工风险防范技巧丛书——用人单位劳动规章制度制作精解. 北京：中国法制出版社，2010.

参考文献

[1] 廖名宗. 劳动规章制度研究. 北京：法律出版社，2009.

[2] 丁建安. 企业劳动规章制度研究. 北京：中国政法大学出版社，2014.

[3] 郭春宏. 新法环境下的劳动合同管理与规章制度建设. 北京：法律出版社，2009.

思考题

1. 什么是企业劳动规章制度？
2. 如何理解企业劳动规章制度和国家劳动法律法规的关系？
3. 简述制定企业劳动规章制度的基本程序。
4. 理解企业制定劳动规章制度的作用与意义。
5. 简述企业八项劳动规章制度的基本框架及其主要内容。

第七章　和谐劳动关系构建

导　读

构建和谐劳动关系，是建设社会主义和谐社会的重要基础，是增强中国共产党的执政基础、巩固中国共产党的执政地位的必然要求，是坚持中国特色社会主义道路、贯彻中国特色社会主义理论体系、完善中国特色社会主义制度的重要组成部分，其经济、政治、社会意义十分重大而深远。

在本章的阅读里，您可以了解以下要点：

1. 我国于2008年1月1日实施了新的《劳动合同法》，为构建和谐劳动关系奠定了法制基石。必须规范和协调劳动关系，依法维护劳动者权益，依法化解劳动关系中影响经济发展和社会和谐的矛盾与问题。

2. 构建和谐劳动关系需要各级政府部门责无旁贷地负起责任。各部门要树立起强烈的责任心，从转变自身职能入手，不断强化监管和服务能力，切实抓好各自的工作。要进一步加大劳动保障监察执法力度，严厉查处各种侵害劳动者合法权益的行为，经常性地开展劳动力市场秩序、劳动力用工情况、劳动保护、拖欠工资等问题的专项检查活动，加大惩处力度，形成用工单位不敢违法的监察环境，通过行之有效的执法措施促进和谐劳动关系的形成。

3. 构建和谐劳动关系需要宣传教育。要利用多种宣传渠道，面向广大用人单位和劳动者，加大劳动保障政策法规，特别是新出台的《劳动合同法》的宣传力度，用正确的舆论引导公众，促进用人单位自觉遵守劳动保障法规，主动配合执法维权，增强劳动者的自我维权意识，努力化解劳资纠纷。

4. 构建和谐劳动关系离不开工会的力量，要充分发挥工会组织的作用。工会组织要把努力构建和谐劳动关系工作常态化，形成企业主动参与，职工广泛认同的局面；要密切与职工的关系，及时帮助困难职工和弱势群体，为职工解决实实在在的困难；要创新工会工作机制，当好企业与职工的桥梁，定期在职工中开展调研，及时向企业主反映职工诉求，维护职工合法权益。

5. 构建和谐劳动关系需要完善的社会保障。积极落实就业、再就业政策，完善养老、医疗、失业、工伤、生育保险制度，提高企业参保率，为劳动者提供较为健全的劳动保障。要加大《劳动法》落实力度，依法保障劳动关系。要畅通诉求，进一步完善劳动争议诉求表达机制，畅通劳动者信访、投诉、举报渠道，使劳动纠纷得到有效处理。

6. 构建和谐的劳动关系更需要企业和劳动者的共同努力。企业需要强化依法用工意识，提高劳动合同管理水平，建立工资合理增长等制度，在企业内部做好预防、调处、救济等工作，实现自我规范、自我调整。劳动者则需增强综合素质，提高依法理性维权的能力和水平。

学习目标

1. 了解　和谐劳动关系的基本特征及建立基础。
2. 理解　和谐劳动关系构建的必要性及其影响制约因素。
3. 掌握　和谐劳动关系构建的途径、策略与方法。

第一节　和谐劳动关系理论建设

经过三十多年的改革与发展，我国市场经济体制已经逐步确立，社会经济成分、组织形式、就业方式、分配形式和利益关系等日趋多样化，劳动关系的主体结构、主体地位、主体利益、规范和调节方式，劳动力配置方式也随之发生了深刻而巨大的变化，呈现出空前复杂的局面。研究这些变化、把握其特点、掌握其规律，对于构建和谐劳动关系，进而构建和谐社会无疑具有重要意义。

在本节的阅读里，您可以从理论层面上理解和把握和谐劳动关系的基本特征、建立基础、构建必要性以及影响制约因素等内容。

➢ 知识点 7-1-1　社会主义和谐社会

社会主义和谐社会是人类孜孜以求的美好社会，它包括个人自身的和谐；人与人之间的和谐；社会各系统、各阶层之间的和谐；个人、社会与自然之间的和谐以及整个国家与外部世界的和谐。构建社会主义和谐社会，是中国特色社会主义事业的有机组成部分，是推进全面建设小康社会的重大战略举措。

理论提示

社会主义和谐社会是民主法治、公平正义、诚信友爱、充满活力、安定有序、人与自然和谐相处的社会。民主法治反映社会主义民主得到充分发扬，依法治国基本方略得到切实落实，各方面积极因素得到广泛调动；公平正义反映社会各方面的利益关系得到妥善协调，人民内部矛盾和其他社会矛盾得到正确处理，社会公平与正义得到切实维护和实现；诚信友爱反映全社会互帮互助、诚实守信，全体人民平等友爱、融洽相处；充满活力反映能够使一切有利于社会进步的创造愿望得到尊重，创造活动得到支持，创造才能得到发挥，创造成果得到肯定；安定有序反映社会组织机制健全，社会管理完善，社会秩序良好，人民群众安居乐业，社会保持安定团结；人与自然和谐相处反映社会生产发展、生活富裕、生态良好。

➤ 知识点 7－1－2　和谐劳动关系的基本特征

和谐劳动关系是指劳动关系双方的一种和谐融洽的良好状态。构建社会主义和谐社会必然要求构建和谐劳动关系。和谐劳动关系具有四大基本特征，即和谐劳动关系应当是合同型的、法制型的、民主型的和救助型的。

理论提示

第一，合同型。《劳动合同法》第 10 条规定，“建立劳动关系，应当订立书面劳动合同”。劳动合同一经签订，便确立了劳动者与用人单位之间的劳动法律关系。固定化、具体化的书面劳动合同，不仅可以明确劳动者与用人单位之间的有关劳动权利义务，并且可以通过劳动合同的履行来实现双方的各自权利。任何一方若违约侵害另一方权益，都可以依据书面劳动合同追究相应的经济或法律责任。建立和谐劳动关系，必须依法签订并严格履行劳动合同，充分发挥劳动合同在调整劳动关系中的积极作用。

第二，法制型。市场经济是法制经济，要求劳动关系的构成、运行、处理等方面都应当实现法制化。以《劳动法》为龙头，我国已经颁布了一系列劳动法律法规，劳动法律体系基本形成，这是建立和谐劳动关系的基本依据和保障。劳动关系运行的各个环节、调整劳动关系的各个方面基本上做到了有法可依。

第三，民主型。民主化的劳动关系主要包括劳动关系三方协商机制、平等协商和集体合同制度以及职工民主管理制度。各级人民政府劳动行政部门会同同级工会和企业方面代表建立劳动关系三方协商机制，共同研究解决劳动关系方面的重大问题；平等协商集体合同制度是由工会代表职工与用人单位进行平等协商，签订集体合同；职工民主管理是职工依法直接或间接参与管理所在单位内部事务，我国职工民主管理的基本形式是职工代表大会。

第四，救助型。一般情况下，相对于用人单位而言，劳动者一方属于弱势群体。所以，构建和谐劳动关系，必须在调整劳动关系、预防劳动矛盾、处理劳动争议、化解劳动冲突的过程中，体现社会劳动保障的基本要求。

➢ 知识点 7-1-3　和谐劳动关系的建立基础

和谐劳动关系必须建立在坚实的基础之上，和谐劳动关系的建立基础主要包括签订劳动合同、提高劳动者素质和加大监督力度三方面：

理论提示

第一，签订劳动合同。劳动合同是协调就业关系的基础，是维护和谐劳动关系的纽带。签订书面劳动合同，不仅可以明确劳动者与用人单位之间的有关劳动权利义务，并且可以通过劳动合同的履行来实现双方的各自权利，同时还可以预防和抑制劳动纠纷的发生。

第二，提高劳动者素质。首先，加强对潜在劳动者（尤其是农民工）的源头管理，引导合理流动，杜绝盲目打工，并做好各类劳动者的建档、分类、统计等前期工作。其次，对入职劳动者进行有针对性的就业培训，学习和掌握就业所需的知识、技能以及相关基本法律常识。再次，入职后还要对劳动者进行岗位培训，尤其是关于劳动安全保护、操作技术规范性等方面的内容，提高劳动技能，减少劳动事故。

第三，加大监督力度。一是要加强法律监督，做到有法可依，执法必严，监督检查到位；二是要加强工会监督，督促中小型企业和民营企业建立工会组织；三是要提高劳动者的法律意识，懂得运用劳动法律维护自身的合法权益。

➢ 知识点 7-1-4　构建和谐劳动关系的必要性

和谐劳动关系是指劳动关系双方一种和谐融洽的良好状态。党和政府始终高度重视维护和促进劳动关系的稳定和谐。党的十六届六中全会提出“发展和谐劳动关系”，党的十七大报告要求“规范和协调劳动关系”，2008 年的《政府工作报告》又对建设和谐劳动关系作出部署。

理论提示

首先，和谐劳动关系是社会和谐的基础。劳动关系作为生产关系的重要组成部分，是在劳动过程中劳动者与劳动力使用者之间形成的一种社会关系。人是社会关系的总和，社会和谐首先是社会关系的和谐。而劳动关系作为一种最基本的社会关系，其状况成为社会是否和谐的晴雨表。和谐社会必定是劳动关系和谐稳定的社会，劳动关系不和谐也必然影响到全社会的和谐。从这个意义上说，和谐劳动关系是和谐社会的重要基础，而社会和谐又是劳动关系和谐的体现与保证。

其次，发展和谐劳动关系是完善社会主义市场经济体制的内在要求。作为市场经济体制基础的现代企业制度，包括明晰的产权关系与和谐的劳动关系两大层面。劳动关系不和谐的企业是没有生命力的，在此基础上不可能建立完善的市场经济体制。发展社会主义市场经济，健全企业法人治理结构，要求发展和谐的劳动关系，广泛调动企业和职工两个积极性，确保生产者和经营者、劳动者与建设者和谐相处、平等合作、互利共赢，使企业保持健康持续发展的良好势头。

最后，发展和谐劳动关系是协调劳动关系矛盾的迫切需要。当前我国劳动关系总体是协调稳定的，职工利益得到了较好的实现。但由于我国正处在经济体制转轨和社会转型时期，经济关系、劳动关系日益市场化、多样化和复杂化，一些职工的劳动就业、收入分配、社会保障等权益受到侵犯的现象屡有发生。只有妥善处理劳动关系出现的新情况新问题，通过协商协调方式解决劳动争议，发展和谐劳动关系，才能巩固职工队伍与社会政治的稳定。

➢ 知识点 7－1－5 协调劳动关系三方机制

三方机制是西方发达国家普遍推行的一种社会关系和企业劳资关系的协调机制。三方机制在调解社会矛盾、解决劳资冲突方面发挥着重要作用。作为国际劳工组织的成员国之一，我国在构建和谐劳动关系过程中，也在积极倡导和逐步实施三方机制，使我国劳动制度与国际通行的劳动制度互通接轨。

三方机制中的三方分别由政府劳动行政部门、地方工会和用人单位的企业代表组成，三方职能既相互独立又各有侧重。三方机制实际上是一种平等对话的机制，三方机制主要解决劳动关系方面的重大问题，譬如劳动就业、劳动报酬、社会保险、职业培训、劳动争议、劳动安全卫生、工作时间和休息休假、集体合同和劳动合同等。三方机制具有主体独立、权利平等、民主协商、充分合作和定期协商等显著特点。

理论提示

社会主义市场经济体制的建立与完善，对劳动关系的调整提出了与其相适应的客观要求。而协调劳动关系，虽然要靠落实劳动合同制度，实行集体协商制度和集体合同制度，但从协调劳动关系的整个社会化发展要求来看，还需要建立起能够促进劳动关系协调与稳定发展的三方机制。三方机制不仅能够积极引导劳资双方更好地实现其签订的集体合同和协议，而且能够指导帮助劳资双方更好地通过协调机制来达到彼此的目标。从这个意义上讲，建立有中国特色的劳动关系三方机制是我国社会主义发展的必然要求。要健全协调劳动关系三方机制，发挥政府、工会和企业作用，努力形成企业和职工利益共享机制，建立规范有序、公正合理、互利共赢、和谐稳定的劳动关系。

➢ 知识点 7-1-6　工资集体协商制度

工资集体协商制度，是职工代表与用人单位代表，双方依据相关法律法规，采取平等协商的方式，就企业内部工资标准、工资分配制度、工资分配形式以及工资支付办法等事项，签订工资协议的制度。推动企业建立工资集体协商制度，是完善社会主义市场经济体制、深化分配制度改革的关键环节，是加强工会维权机制建设的重要内容。

理论提示

收入分配是劳动关系的核心内容，其中工资收入是职工生活的主要来源，是职工最基本、最重要的经济利益。职工的工资收入不再由政府或企业单方面决定，而应该主要由企业与职工代表协商确定。工资分配中还存在一些不合理现象。例如，一线职工特别是一些农民工的工资偏低，工人的工资增长缓慢，以最低工资标准作为实际工资支付标准，劳动定额偏高，迫使职工加班加点且加班不加薪，变相降低或克扣职工工资。正因如此，企业因工资分配不合理激化劳动关系矛盾，引发劳动争议的事件数量逐步上升。因收入分配和保险福利问题引发的劳动纠纷已成为影响社会和谐稳定的重要因素。这些问题的出现，除劳动力市场供大于求等非制度性原因以外，重要的是由于企业工资共决机制建设进展缓慢，发挥作用不够。因此，建立企业工会工资集体协商机制显得十分重要而紧迫。

➢ 知识点7-1-7 最低工资标准

最低工资是指劳动者在法定工作时间内提供了正常劳动，企业为此支付的最低劳动报酬。而最低工资标准则是指单位劳动时间的最低工资数额。我国并未实行全国统一的最低工资标准，最低工资标准由各地根据具体情况来确定。

理论提示

一般来说，最低工资标准应该高于社会救济金和失业保险金标准，而低于当地平均工资水平。确定最低工资标准应该综合考虑下列五个方面因素：其一，劳动者本人及平均赡养人口的最低生活费用；其二，社会平均工资水平；其三，劳动生产率；其四，就业状况；其五，地区之间经济发展水平的差异。

➢ 知识点7-1-8 世界劳动关系面临的问题与挑战

经济全球化背景下，世界劳动关系在主体结构、劳动标准、调整方式等方面，已经突破了民族国家的界限，开始出现国际化的趋势，即劳动关系的存在和调整，已经不仅仅是一个国家的内部事务，而且涉及国家之间、国家与国际组织之间以及国际组织之间的复杂关系。劳动关系国际化给世界劳动关系带来了共同的问题与挑战。

理论提示

世界劳动关系面临的问题与挑战，主要体现在以下五方面：

第一，全球经济一体化带来国际竞争的加剧和雇主策略的变化。

第二，跨国公司的兴起和经济全球化的趋势改变了资方、政府和工会的权力平衡。

第三，跨国工会和工会联盟的发展相对滞后。

第四，发展中国家面临的新问题，是降低劳动条件和福利水平以压低劳动成本从而在全球竞争中获取优势，还是积极遵守各国统一的劳动标准，以实现对工人的工作和生活水平的保障。

第五，发达市场经济国家的工会也面临着知识经济的挑战。

➢ 知识点 7－1－9　中国劳动争议的共同特点

劳动争议是劳动关系当事人之间因劳动的权利与义务发生分歧而引起的争议，又称劳动纠纷。随着我国向社会主义市场经济转型的加快以及多种经济成分的进一步发展，就业方式的灵活变化，劳动关系将更为复杂和多样，劳动关系的利益冲突在一定时期将会日趋显性化，劳动争议案件呈现高增长态势。

理论提示

中国劳动争议的共同特点具体体现在以下五方面：

第一，劳动争议总量持续大幅度上升，涉及人数剧增。

第二，集体争议数量及涉及人数明显上升。

第三，劳动争议处理中仲裁裁决的比重加大。

第四，劳动者申诉比重大，胜诉率高。

第五，争议的焦点是关系劳动者基本权益的劳动报酬和保险福利问题。

➢ 知识点 7－1－10　加入 WTO 后中国劳动关系发展趋势

加入 WTO 后，我国劳动关系的发展将呈国际化、市场化、单极化、社会化的走势，无论是在宏观上还是在微观上，都需要对劳动关系的理念、理论和制度及实务加以研究，以适应我国劳动关系的发展，为我国在市场经济条件下的劳动关系调整的目标、策略，提出建设性的务实的操作性方案，以及对劳动关系问题最尖锐时期的情况提早防范，建立和完善适应市场经济体制的和谐劳动关系。

理论提示

加入 WTO 后，中国劳动关系发展呈现五大趋势：

第一，劳动关系逐步趋于国际化，主要表现为劳动关系主体的国际性以及适用规则的国际化。

第二，劳动关系更加市场化。首先，国有企业劳动关系面临市场化的重大转折。其次，市场化将加剧劳动关系的剧烈变动和冲突。最后，劳动力市场个体化、弹性化的趋势，使劳动关系突破了传统的单一、稳定、静止的状态，表现出灵活、弹性、多样的特点，兼职、非全日制、阶段性就业关系将呈增长趋势。

第三，劳动关系单极化。劳动力市场供求状况是劳动关系双方力量抗衡的重要经济基础。目前的劳动力市场需求状况是企业方、用人方占据绝对优势，这种状况导致企业方与用人方侵害职工合法权益的现象比较严重。

第四，劳动关系冲突易激化。劳动关系力量对比的失衡，使企业内部难以形成适应市场化需求的劳动关系协调机制和方式，从而使劳动关系日益朝着不利于劳动力供给方的方向发展，导致冲突容易激化。

第五，劳资对立社会化。劳动关系在多样化、复杂化的基础上继续发生深刻变化，现有的“一裁两审”体制难以及时有效地解决劳动争议、劳动关系冲突，对立呈社会化的趋势。

拓展阅读

构建和谐劳动关系是劳动关系管理的出发点与落脚点，在劳动关系管理过程中需要对相关的理论知识有相当的了解，请参阅以下文献，进一步拓展相关知识。

河北省劳动关系和民主管理学会. 加强职工民主管理 构建和谐劳动关系——劳动关系与民主管理研究（五）. 石家庄：河北人民出版社，2013.

第二节 和谐劳动关系实践探索

和谐劳动关系是经济发展和社会稳定的重要保证。劳动关系是否和谐，直接关系到百姓能否安居乐业、经济社会能否繁荣。社会发展进入新的时期，劳动关系也出现了许多新问题。构建和谐劳动关系是一个长期的动态的过程，需要我们在实践中总结经验和教训，积极探索，勇于创新，努力实现劳动关系和谐稳定、劳资互赢的良好局面。

在本节的阅读里，您可以从实践层面理解和把握和谐劳动关系构建的途径、策略与方法。

知识点 7-2-1 和谐劳动关系·政府篇

典型案例 7-2-1

习近平在全国构建和谐劳动关系先进表彰暨经验交流会上的讲话

全国构建和谐劳动关系先进表彰暨经验交流会于 2011 年 8 月 15 至 16 日

在北京举行。时任中共中央政治局常委、中央书记处书记、国家副主席习近平出席会议并发表了讲话。

习近平指出，构建和谐劳动关系，是建设社会主义和谐社会的重要基础，是增强党的执政基础、巩固党的执政地位的必然要求，是坚持中国特色社会主义道路、贯彻中国特色社会主义理论体系、完善中国特色社会主义制度的重要组成部分，其经济、政治、社会意义十分重大而深远。各级党委和政府要进一步提高认识、强化责任，把构建和谐劳动关系作为一项重要而紧迫的政治任务抓实抓好。

习近平指出，劳动关系是生产关系的重要组成部分，是最基本、最重要的社会关系之一。党和国家对劳动关系问题历来高度重视，近些年来各级党委和政府把构建和谐劳动关系摆到更加突出的位置，加大工作力度，取得积极成效。当前，我国劳动关系总体和谐稳定，同时随着工业化、信息化、城镇化、市场化、国际化的深入发展，我国劳动关系领域也出现了一些新情况新问题，务必高度重视，采取有力措施引导劳动关系朝着规范有序、公正合理、互利共赢、和谐稳定的方向健康发展。

习近平强调，构建和谐劳动关系，要坚持以人为本，把解决广大职工最关心、最直接、最现实的利益问题，切实维护他们的经济权益、政治权益、文化权益、社会权益，作为根本出发点和落脚点；要坚持促进企业发展和维护职工权益相统一，同时调动劳动关系主体双方的积极性、主动性，推动企业与职工群众协商共事、机制共建、效益共创、利益共享；要从不同类型企业的实际出发，把构建和谐劳动关系必须遵循的总的共同要求与具体的具有差异性的措施结合起来，统筹兼顾、分类指导，既整体推进，又突出重点、突破难点。当前和今后一个时期，要着重抓好进一步完善劳动法律法规并保障其实施、合理调节企业工资收入分配、加强企业民主管理建设、努力化解劳动关系矛盾、加强企业党组织建设、支持和促进企业健康发展等工作，以构建和谐劳动关系的新进步，更好地推动科学发展，促进社会和谐。

习近平指出，经过这些年的探索和实践，构建和谐劳动关系工作已初步形成党委领导、政府负责、社会协同、企业和职工参与的工作格局，要在坚持中进一步明确各方职责，使党政力量、群团力量、企业力量、社会力量紧密结合和统一起来，共同推进构建和谐劳动关系。各级党委宣传部门和新闻媒体要把构建和谐劳动关系作为宣传报道的经常性任务，坚持正确舆论导向，引导和促使各类媒体共同营造构建和谐劳动关系的良好舆论氛围。要继续大力推进和谐劳动关系创建活动，丰富创建内容，规范创建标准，改进创建评价，完善激励措施，不断把创建活动取得的成果转化为构建和谐劳动关系的长效机制。

（资料来源：http://www.gov.cn/ldhd/2011-08/16/content_1926777.htm。）

理论提示

劳动关系是最基本的社会关系之一。构建和谐的劳动关系，是构建和谐社会的重要内容，也是树立和落实科学发展观的必然要求。构建和谐劳动关系，党和政府具有不可替代的地位与作用。各级党委政府应该成为构建和谐劳动关系的引领者和推动者，成为劳动者基本权利的保护者、集体谈判的促进者、劳动争议的调停者、就业保障与人力资源的规划者以及公共部门的雇佣者。各级党委政府应该努力做到：始终坚持科学发展观，牢固树立以人为本的思想；尽快完善劳动法律体系；强化劳动监察和执法；制定适合中国实际的劳动标准；建立科学的利益共享制度；完善适应市场经济体制的劳动关系调节机制；实施有利于改变“资强劳弱”现状的政策；充分发挥工会组织的作用。

➢ 知识点 7-2-2　和谐劳动关系·企业篇

典型案例 7-2-2

北京同仁堂（集团）有限责任公司的和谐劳动关系构建

北京同仁堂（集团）有限责任公司多年来始终坚持以“同修仁德、济世养生”为企业最高追求，努力打造“善待”文化，推动百年老店健康快速发展。

第一，用仁心和仁术善待职工。自 1996 年起，企业在职代会上郑重承诺：职工转岗不下岗，工资年年有增长，住房逐年有改善。截至 2011 年，集团已累计为职工购建住房 15.7 万平方米。企业坚持实施职工“金字塔”人才工程，职工待遇随着技能提升而提高，通过该工程已培养各类人才 1 100 多名。企业对职工以诚相待，职工对企业也产生强烈的认同感和归属感。由一线科技人员和技术工人组成的攻关组，经过 4 年苦战，成功解决困扰企业上百年的蜜丸自动蘸蜡技术和移印打金戳技术难题，一年就为企业降低成本 560 多万元。

第二，用诚信和诚意善待经营伙伴。2008 年汶川特大地震后，同仁堂生产的“血毒丸”很快在震区售罄。为避免因震区交通中断影响供货，同仁堂通过空运，在第一时间将500多盒“血毒丸”配送到震区。当了解到山西一个黄芪供应基地连年亏损后，同仁堂立刻派人前去出主意、想办法，使该基地经营状况当年就有明显好转，并于2010年实现盈利。2010年，中药材价格打着滚往上涨，按市价采购，同仁堂铁定亏本，但绝大部分供应商都能按合同价供货。

第三，用成果和业绩善待投资者。被股民誉为“最值得收藏的十大金股”之一的同仁堂股份上市14年，年年分红，目前按复权价格计算每股最高已超过200元，是上市发行价的近28倍。在安徽亳州市，同仁堂与当地药材商合资成立同仁堂亳州饮片公司。为了帮助其发展，同仁堂选派原饮片厂的生产厂长和中青年专家，对该公司生产工艺进行把关，既保证了产品质量，又推动了企业发展，为同仁堂在当地赢得美誉。

第四，用爱心和责任善待社会。在生产过程中，同仁堂始终坚持配方独特、选料上乘、工艺精湛、疗效显著的制药特色，恪守“炮制虽繁必不敢省人工、品味虽贵必不敢减物力”的古训。在原材料控制和经营管理各环节，同仁堂严格落实国家标准。在服务终端，同仁堂始终保持代客煎药、登记短缺药品等10多项便民服务。2003年非典期间，金银花、板蓝根等热销药材一天一个价。同仁堂在报纸上公开承诺：保证供应，保证质量，保证不涨价！为此，虽然同仁堂赔了600多万元，但他们认为这个“亏”吃得值。善待社会，不仅要治病救人，还要关心世情民生。同仁堂集团连年为中医药进社区和北京市慈善协会组织的“春雨行动”大额捐款，所属1 500多家药店经常开展义诊活动。近年来，同仁堂集团为社会公益和慈善事业捐款捐物累计达5 000多万元。

（资料来源：http://www.sinoss.net/2011/0820/35591.html。）

理论提示

形成和谐劳动关系是企业责任的最后体现，构建和谐的劳动关系对企业的发展意义重大。一个企业是否健康，关键要看企业与劳动者之间是否建立起和谐稳定的劳动关系。劳动者与企业的关系是相辅相成的关系。劳动者既是劳动关系主体之一，也是企业的基本细胞和有机组成部分，劳动者的成长和发展体现着企业的发展和效益。同时，企业的发展也给劳动者创造了展示才华、实现价值的平台。

构建和谐劳动关系，企业要自觉遵守劳动保障法律法规，赢得员工和社会各界的支持；要规范用工，夯实构建和谐劳动关系的基础；要依法订立内部的规章制度；要依法参加社会保险，切实保障职工的合法权益；要改善劳动关系协调机制，规范员工关系管理。

➢ 知识点 7－2－3　和谐劳动关系·工会篇

典型案例 7－2－3

青岛工会推动构建和谐劳动关系

山东省青岛市总工会把创建劳动关系和谐企业作为协调劳动关系的总抓手，将实行劳动合同、集体合同和工资集体协商制度，坚持民主管理制度，发挥劳动争议调解组织、工会劳动法律监督组织、安全生产管理组织作用，保障职工技能培训和文化生活，接受职工和社会评价，促进企业和工会共谋发展等纳入到创建劳动关系和谐企业的硬性考核指标，为全面协调劳动关系打下了坚实基础。

（一）在创建广度、深度和力度上下功夫

在创建的广度上下功夫，不断扩大创建活动的覆盖面。在青岛市大型国有、集体及其控股企业普遍开展创建活动的基础上，向非公有制企业延伸。截至目前，建立工会企业（单位）的创建活动覆盖面达到 85% 以上；进入劳动关系和谐企业（单位）行列的企业（单位）达到 65% 以上，其中私营企业和外商投资企业的比例达到 55% 以上。青岛劳动关系和谐企业（单位）达到了 1 126 家，其中全国劳动关系和谐企业 3 家，全省劳动关系和谐企业 26 家。

在创建的深度上下功夫，促进创建活动整体水平。围绕劳动关系的建立、运行、监督、调处等环节，抓好集体协商、职代会等重点工作，注重完善各项创建工作制度，逐步建立健全创建活动长效机制，使创建活动制度化、规范化、科学化。

在创建的力度上下功夫，确保创建活动取得实效。依托协调劳动关系三方机制，建立健全信息通报、工作联系、联合督察等工作制度，合力推进和谐企业创建的各项工作。同时，加强对创建活动的指导和监督，逐级制定工作目标，形成了上下联动、整体推进的态势，从而为维护职工合法权益，促进社会和谐稳定和企业健康发展做出了积极贡献。

（二）建立集体协商和工资共决机制

工资发多少，不能由企业行政单方面说了算。近几年，青岛市总工会以建立正常的集体协商和工资共决机制为目标，使集体合同和工资集体协商成为工会协调劳动关系的重要手段。

在全国纺织机械名镇胶南王台镇，分布着大大小小纺织机械生产企业175家，原来职工的工资收入都是各自为政，造成高低不均，人员流动大，反过来又制约了企业的持续发展。镇纺织机械业成立工会联合会后，行业职代会工资协商小组通过大量的调查，摸清了青岛市行业工资情况，经与雇主委员会多次协商，达成了本镇纺织机械行业职工最低工资高于青岛市最低工资标准100元，效益好的企业再高出至少100元的协议。协议的执行稳定了职工队伍，促进了企业的健康发展。

同时，青岛市总工会积极争取党政支持，通过多种途径力推企业工资集体协商。

通过参与政策制定，形成政府主导、工会力推、多方协同、职工参与、整体推进的局面。2007—2010年，推动青岛市相继出台了《青岛市企业工资集体协商实施办法》《青岛市人民政府关于加强企业工资分配调控指导　完善职工工资正常增长机制的意见》《关于开展工资集体协商要约行动的通知》《关于全面实行工资集体协商制度的通知》，为青岛市推行工资集体协商工作提供了有力指导。

分类指导工资集体协商行动。自2008年起，将每年四五月份作为集中开展工资集体协商“要约行动月”，积极推动工会方与企业方开展集体协商，签订集体合同。将青岛市企业分为五个层次，分类指导，督促各级工会在开展工资协商时将职工最关心、最直接的利益问题作为协商重点加以解决。此外，为解决小企业单独签订集体合同难的问题，在非公企业集中的区域，重点推行了区域性、行业性工资集体协商，维护农民工、灵活就业人员和非公企业职工的合法权益。

加强队伍建设，有序推进工资集体协商工作。近几年，青岛市总工会每年下发集体合同和工资集体协商工作意见，召开工资集体协商工作推进会，开展工资集体协商指导员培训。2011年，青岛市共培训市级工资集体协商指导员793人，专业的人才队伍提高了集体合同和工资集体协商工作的质量。截至2011年，青岛市共签订集体合同7 778份，覆盖企业22 911家，覆盖职工147万余人，其中区域性集体合同947份，覆盖企业15 623家。行业性集体合同116份，覆盖企业616家。签订工资集体协议4 505份，覆盖企业9 018家，覆盖职工101万余人，其中区域性工资集体协议288份，覆盖企业5 472家，行业性工资集体协议25份，覆盖企业321家。签订女职工专项集体合同9 952份，覆盖企业11 168家，覆盖女职工96万多人。另外还有安全生产、职业病防治等专项集体合同，一份份集体合同和工资集体协议为职工撑起了权益保障的安全伞。

（三）参与劳动法律监督和劳动争议调处

记者有一次随青岛市总工会主席李皓进行安全生产检查，李主席来到工地，还没听汇报，便直接在施工现场找了一名农民工了解情况，并检查他的安全帽，正说着话，李主席突然将安全帽摔在水泥地上，见安全帽完好无损，放心地说："你的帽子质量还不错，和我戴的差不多。"

参与劳动法律监督和劳动争议调处是工会维护职工合法权益的重要途径。青岛市各级工会组织建立健全了劳动法律监督组织，并与政府劳动监察部门联动，每年与有关部门联合开展追讨欠薪欠费行动和整治非法用工、打击违法犯罪专项行动，对涉及劳动合同、劳动保险、工资福利、安全生产等劳动权益问题进行监督检查，协同劳动部门对侵害劳动者合法权益的非法用工行为进行整治和纠正，由劳动部门责令用人单位为职工补签劳动合同，补缴社会保险。各级工会劳动法律监督组织和法律监督员定期对企业工资支付、合法用工和职业病防治等情况进行广泛的群众监督。2010年两次行动共检查各类用人单位5 106户，涉及职工23万余人，为7 000余名劳动者补发了工资和经济补偿金800余万元。

即墨北部工业基地某外资企业以6名员工违反公司劳动纪律为由，单方解除其劳动合同。因经济补偿问题发生争议，员工诉至即墨市总工会。工会接访后，深入企业了解情况，分别与职工、企业双方谈话，经调解，依《劳动合同法》规定给予6名员工经济补偿3.1万余元。

各级工会有效的劳动争议调解工作，赢得了职工和企业的信任，树立了工会的良好形象。近几年，青岛市总工会积极推动企业劳动争议调解组织和区域性、行业性劳动争议调解组织的建制和发展，逐步建立并完善全方位、多层次、广覆盖的工会劳动争议调解组织网络。注重整合资源，充分发挥劳动争议调解组织、工会信访部门及工会"12351"维权热线的联动功能，及时掌握信息，迅速调处化解纠纷隐患，有效地防止了重大劳动争议发生。

目前，青岛共建立企业劳动争议调解委员会8 955个，区域性劳动争议调解组织178个，行业性劳动争议调解组织48个。2010年青岛市各级工会累计调处劳动争议案件3 856件，排查劳动争议隐患8 000余件。2010年参与劳动仲裁案件 2 360 件，聘请律师事务所直接为职工提供法律政策咨询服务 1 642 人次。累计接受法院委托调解案件 300 件，调解结案 266 件，有效化解了劳动争议双方矛盾，加大了工会维权的司法保障力度。

（资料来源：http://media.workercn.cn/grrb/2011_03/19/GR0106.htm。）

理论提示

目前，我国劳动关系在总体稳定的同时也出现了一些新变化，迫切需要工会充分认识劳动关系领域的新情况，进一步找准构建和谐劳动关系的切入点，在加强劳动关系协调机制建设的同时，更加积极主动地推动构建和谐劳动关系。

各地工会组织要始终牢记肩负的责任，紧紧抓住发展和谐劳动关系工作主线，充分发挥工会组织的优势，在推动科学发展中发挥“助推器”作用，在促进社会和谐中发挥“调节阀”作用，在团结凝聚职工中发挥“娘家人”作用。大力发展和谐劳动关系，进一步加大维权力度，推动职工群众共建共享经济社会发展成果，努力形成“党政主导、企业主体、工会运作、多方配合、职工参与”的发展和谐劳动关系工作格局。

➢ 知识点 7－2－4　和谐劳动关系·职工篇

典型案例 7－2－4

劳动者在构建和谐劳动关系的作用

张木杨，男，48 岁，农民工，福建煤电公司苏二煤矿开拓队队长，其带领的开拓队连续 10 年被评为煤电公司“掘进标杆队”，2010 年荣获“全国煤矿优秀安全班组”称号。

在福建煤电公司苏二矿，说起八采区开拓队，那可是人人都竖起大拇指称赞的“王牌”队伍，队长就是矿上“名人”张木杨。这个队施工的掘进巷道，95% 以上都是进度最快、最安全的示范“亮点”。

张木杨是一名农民工，1985 年进矿，当开拓队队长 17 年。工作以来，凭着一股永不服输的拼搏精神，张木杨从一名普通农民工开始，一步一个脚印，逐渐成长为一名令人钦佩的“王牌”队长。28 年来，他月月出满勤、干满点。

“在漆黑的煤层劳动，我们的安全与信心从哪里来？就从我们一丝不苟的严格与专注中来。”队里有新工人加入，这是张木杨跟他们讲的第一件事。

张木杨要求队员进入巷道要收拾杂物，在堆放废旧材料时，将各种物料分类堆放并码成一头齐，保证巷道退路畅通。他给开拓队作业定下严格标准，那就是干出工程质量“站得住脚，拿得出手”的示范性标准化掘进巷道。

2012 年 4 月，一个夜班交班时间，工友们又困又饿，正准备出井时，张木杨发现巷道一个见煤点煤质疏松，出现垮煤。按理只要将情况说明清楚就可以了，但为防止可能引发的大面积冒顶事故，张木杨向队员们宣布：“问题没有处理，隐患没有整改，谁都不能出井！”

张木杨一边安排队员上井去取抢护材料，一边迅速展开抢险。处理完险情后，大家晚两个小时出井，但没有一名队员怪张木杨，因为每个人心里都很明白，他们消除了一起重大安全隐患，这是对生命负责。

在 2013 年福建省劳动模范和先进工作者表彰大会上，张木杨作为代表发言。“我爱人是和我同一个村的姑娘，她跟我谈恋爱 3 年，却迟迟下不了决心嫁给我，就因为我是来自农村的矿工，我俩的婚事遭到她家人和亲戚的反对。后来事实证明我是有出息的，她最终成了我孩子的母亲。在孩子面前，我作为矿工的形象很骄傲，绝不低人一等。”当张木杨说到这里时，会场上响起了热烈的掌声。

（资料来源：http://media.workercn.cn/grrb/2013_08/21/GR0218.htm。）

理论提示

劳动关系涉及劳动者及劳动力雇佣者双方，而劳动者则包括劳动者参加社会劳动的方式、劳动者在劳动过程中的组织形式以及劳动者因参加社会劳动所取得的劳动报酬和社会保障等内容。这些内容无不密切关系到劳动者个人利益和生存条件的最基本方面。作为劳动关系的一方，一方面劳动者勤恳敬业、遵章守纪是劳动关系和谐的必要内容和前提保障。但另一方面，劳动力雇佣者以及整个社会组织，只有坚持以人为本，保障劳动者体面劳动，才能激发劳动者潜在的劳动能量，促进社会生产力发展，形成全体劳动者各尽所能、各得其所而又和谐相处的良好局面。

我们要充分认识劳动者个人在构建和谐劳动关系中的地位与作用，牢固树立劳动最光荣、劳动最崇高、劳动最伟大、劳动最美丽的观念，崇尚劳动，造福劳动者，让全体人民进一步焕发劳动热情、释放创造潜能，通过劳动创造更加美好的生活。全社会都要贯彻尊重劳动、尊重知识、尊重人才、尊重创造的重大方针，维护和发展劳动者的利益，保障劳动者的权利。要坚持社会公平正义，努力让劳动者实现体面劳动、全面发展。

➤知识点 7-2-5　和谐劳动关系·法制篇

典型案例 7-2-5

北京市法院 2012—2013 年度劳动争议案件

2012 年，北京市三级法院共新收一审劳动争议案件 20 540 件，审结 19 705 件，调撤 8 404 件。一审案件收案数同比上升 13.8%，结案数同比上升 8.3%，结案率 95.9%，调撤率 42.6%。全市法院共新收二审劳动争议案件 6 243 件，审结 6 187 件，调撤 1 746 件。二审案件收案数同比下降 17.9%，结案数同比下降 18.7%，结案率 99.1%，调撤率 28.2%。2013 年 1~7 月，全市法院共新收一审劳动争议案件 14 052 件，审结 10 173 件，调撤 4 540 件；全市法院共新收二审劳动争议案件 4 416 件，审结 3 555 件，调撤 1 069 件。

从以上数据我们不难看出，劳动争议案件的基本情况及其共性特点：

首先，案件数量同比呈上升趋势，审判形势严峻。劳动争议案件，特别是一审案件的数量在经历了前两年的短暂回落之后再次呈明显上升趋势。劳动争议案件的数量是地区经济发展的晴雨表，由于近两年我国经济增长速度放缓、部分企业经营不景气，劳资双方间争议明显增多且被凸显放大，当事人也更多选择司法途径寻求救济；加之《社会保险法》《劳动合同法》等新法律的颁布或修改施行形成的叠加效应，使得法院受理劳动争议案件的数量整体上涨，审判压力进一步增大，审判形势非常严峻。

其次，新法的修正施行对劳动争议案件审判产生较大影响。尤其是《民事诉讼法》的修正对劳动争议案件审判的影响；《劳动合同法》的修改对涉及劳务派遣的劳动争议案件审判的影响以及《旅游法》的出台对涉及旅游的劳动争议案件审判的影响。

最后，涉及社会保险的劳动争议案件数量增大，审理难度增加，且与劳动社会保险行政衔接不畅。劳动争议案件中当事人伪造证据的现象值得重视，且法院调查取证工作量明显加大。另外，由于劳动争议案件当事人的举证能力受限，法院依职权或申请调查取证的行为明显增多。

（资料来源：http：// www. lishihuailawyer. com / ShowArticle. shtml？ ID = 201310107205957581. htm。）

理论提示

劳动关系是最基本的社会关系之一，和谐的劳动关系自然也是和谐社会的前提和基础，而和谐劳动关系构建的基础是对这一关系进行制度性的规范和引导。因此，法律法规是调整劳动关系的基本手段，是规范人们行为的规则。尤其在市场经济环境下，劳动关系在构成、运行、处理等各个环节都应当实现法制化，法律原则、法律方式也应当成为调整劳动关系的主要模式。

我国已经颁布了一系列劳动法律法规，如《劳动法》《劳动合同法》《劳动争议调解仲裁法》《社会保险法》等，建立了调整劳动关系各个方面的法律规范，在劳动关系运行的各个环节，基本上做到了有法可依，建立了构建和谐劳动关系的基本依据和保障。在此基础上，我们要进一步健全劳动保障法律体系；完善劳动保障监察体制、提高劳动保障监察执法能力；建立较为完备的依法行政和执法监督工作制度；建立健全普法教育工作制度。

➢ 知识点 7－2－6　和谐劳动关系·职业篇

典型案例 7－2－6

劳动关系协调员国家职业标准

《劳动关系协调员国家职业标准（试行）》

1. 职业概况

1.1　职业名称

劳动关系协调员。

1.2　职业定义

从事宣传和监督劳动保障法律实施、管理劳动合同、参与集体协商、促进劳资沟通、预防与处理劳动争议等协调劳动关系的专业工作人员。

1.3　职业等级

本职业共设三个等级，分别为劳动关系协调员（国家职业资格三级）、劳动关系协调师（国家职业资格二级）、高级劳动关系协调师（国家职业资格一级）。

1.4　职业环境

室内、外，常温。

1.5　职业能力特征

具有较强的表达和说服能力、沟通能力、调查和分析判断能力、协调能力、化解冲突和应急处理能力。

1.6　基本文化程度

高中毕业。

1.7 培训要求

1.7.1 培训期限

全日制职业学校教育，根据其培养目标和教学计划确定。

晋级培训期限：劳动关系协调员不少于120标准学时；劳动关系协调师不少于100标准学时；高级劳动关系协调师不少于80标准学时。

1.7.2 培训教师

培训教师应当具备劳动关系的专业知识、相关的专业工作经验和教学经验，具有良好的知识传授能力。培训劳动关系协调员的教师应具有劳动关系协调师职业资格或相关专业中级及以上专业技术职务任职资格；培训劳动关系协调师的教师应具有高级劳动关系协调师资格或相关专业高级专业技术职务任职资格；培训高级劳动关系协调师的教师应具有高级劳动关系协调师职业资格或相关专业高级专业技术职务任职资格3年以上。

1.7.3 培训场地设备

培训机构应有可容纳20名以上学员的标准教室。情景教学的场所应容纳15~20人。培训场所应有必要的教学设备、设施，室内卫生、光线、通风条件良好。

1.8 鉴定要求

1.8.1 适用对象

从事或准备从事本职业的人员。

1.8.2 申报条件

相关专业指：劳动与社会保障、人力资源管理、劳动经济、社会工作、法学等。

——劳动关系协调员（具有以下条件之一者）

（1）连续从事本职业工作6年以上。

（2）具有本专业或相关专业大学专科及以上学历证书。

（3）具有其他专业大学专科及以上学历证书，经本职业三级正规培训达到规定标准学时数，并取得结业证书。

——劳动关系协调师（具备以下条件之一者）

（1）连续从事本职业工作13年以上。

（2）取得本职业三级职业资格证书后，连续从事本职业工作5年以上。

（3）取得本职业三级职业资格证书后，连续从事本职业工作4年以上，经本职业二级正规培训达到规定标准时数，并取得结业证书。

(4) 取得本专业或相关大学本科学历证书后，连续从事本职业工作5年以上。

(5) 具有本专业或相关专业大学本科学历证书，取得本职业三级职业资格证书后，连续从事本职业工作4年以上。

(6) 具有本专业或相关专业大学本科学历证书，取得本职业三级职业资格证书后，连续从事本职业工作3年以上，经本职业二级正规培训达到规定标准学时数，并取得结业证书。

(7) 取得硕士研究生及以上学历证书后，连续从事本职业工作2年以上。

——高级劳动关系协调师（具备以下条件之一者）

(1) 连续从事本职业工作19年以上。

(2) 取得本职业二级职业资格证书后，连续从事本职业工作4年以上。

(3) 取得本职业二级职业资格证书后，连续从事本职业工作3年以上，经本职业一级正规培训达到规定标准时数，并取得结业证书。

(4) 取得大学本科学历证书后，连续从事本职业或相关职业工作13年以上。

(5) 具有硕士、博士研究生学历证书，连续从事本职业或相关职业工作10年以上。

(6) 具有本专业或相关专业硕士研究生学历证书，连续从事本职业或相关职业工作7年以上。

(7) 具有本专业或相关专业博士研究生学历证书，连续从事本职业或相关职业工作5年以上。

1.8.3　鉴定方式

分为理论知识考试和专业技能考核，均采用闭卷笔试方式，实行百分制，60分及以上为合格。理论知识考试、专业技能考核的合格成绩两年之内有效。

劳动关系协调师和高级劳动关系协调师考核还需要进行综合评审。综合评审采用案例分析、论文答辩、业绩考核等形式。

1.8.4　考评人员与考生配比

理论知识考试和专业技能考核考评员与考生的配比为1:20，每个标准教室不少于两个考评员。

综合评审由评审委员会进行，评审委员不少于3人。

1.8.5　鉴定时间

理论知识考试和专业技能考核不少于90分钟，综合评审时间不少于30分钟。

1.8.6　鉴定场所设备

标准教室或具备相应条件的会议室，室内配备必要的计算机设备、照明设备、投影仪或多媒体等，室内卫生、光线、通风条件良好。

2. 基本要求

2.1　职业道德

2.1.1　职业道德基本知识

2.1.2　职业守则

（1）遵章守法，严谨求实。

（2）以人为本，客观公正。

（3）积极主动，热情服务。

（4）和谐至上，合作共赢。

2.2　基础知识

2.2.1　劳动保障法律与政策

（1）劳动保障法律与政策概论。

（2）劳动保障法律关系。

（3）劳动保障的基本制度。

2.2.2　劳动关系

（1）劳动关系基础理论。

（2）劳动合同制度。

（3）集体协商和集体合同制度。

（4）职工参与制度。

（5）劳动规章制度。

（6）劳资冲突及其处理。

2.2.3　人力资源管理

（1）人力资源管理基本理论。

（2）工作分析。

（3）员工招聘。

（4）绩效考核。

（5）薪酬管理。

2.2.4　劳动经济学

（1）劳动经济学基础知识。

（2）劳动力供给与需求。

（3）工资决定与工资结构。

（4）劳动力市场制度。

2.2.5　其他基础知识

（1）社会学常识。

（2）社会调查统计分析方法。

（3）心理学常识。

（4）人际沟通的方法与技巧。

（5）劳动保障行政部门机构设置与职能。

（6）劳动争议仲裁、诉讼机构职能和办案程序。

3. 工作要求

本标准对劳动关系协调员、劳动关系协调师、高级劳动关系协调师的能力要求依次递进，高级别涵盖低级别的内容。

3.1　劳动关系协调员（略）

3.2　劳动关系协调师（略）

3.3　高级劳动关系协调师（略）

4. 比重表

4.1　理论知识（略）

4.2　专业知识（略）

（资料来源：中华人民共和国劳动和社会保障部，《国家职业标准　劳动关系协调员（试行）》，北京，中国劳动社会保障出版社，2008。）

理论提示

劳动关系协调员是用人单位和员工双方利益协调机制、诉求表达机制、矛盾调处机制、权益保障机制的最基层承担者。劳动关系协调工作包括劳动标准实施管理、劳动管理合同、参与集体协商与集体合同管理、进行劳动规章制度建设、开展劳资沟通和民主管理劳动、协调处理员工申诉和劳动争议等内容。劳动关系协调管理工作责任重、专业性强，不仅要求从业人员具有认真负责的态度、客观公正的意识，更要具备劳动关系和劳动保障法律方面的专业知识以及娴熟的沟通与交流技能。设立劳动关系协调员（师）职业，对于满足社会发展需求，提高从业人员的业务水平，增强其解决劳资问题的能力，促进和谐稳定劳动关系的建立具有十分重要的意义。

在全球化、信息化不断发展的背景下，新型劳动关系大量涌现。劳动关系比较脆弱，劳动违法案件和劳动争议案件数量持续增长。为了适应新形势下保持和谐劳动关系的需要，有必要进一步完善劳动关系协调体系，建立劳动关系协调的专业化队伍。目前，劳动关系协调员主要分布在区域性调解机构、地方行业工会、行业协会、企业家协会以及用人单位内部人力资源管理、工会和法务等部门。同时，越来越多的企业也开始建立和完善内部劳动关系协调机制，并配备专业的劳动关系协调人员。

➢ 知识点 7－2－7　和谐劳动关系·研究篇

典型案例 7－2－7

“迈向双赢·构建和谐劳动关系”主题学术论坛

由福建省社会科学界联合会、厦门市社会科学界联合会、厦门市社会科学院主办，厦门市劳动关系管理研究会承办的“迈向双赢·构建和谐劳动关系”主题学术论坛，于 2012 年 10 月 21 日在厦门举行。福建省社会科学界和厦门市社科界劳动关系研究领域的专家学者、闽南三地市厦漳泉政府和工会部门领导、企业事业单位知名人士 120 余人，就如何构建和谐稳定劳动关系，促进社会稳定等问题展开了深入探讨与交流。

厦门市社科联党组书记周旻在论坛上致辞称，当前，中国内地理论界对劳动关系的研究给予了越来越多的关注，但更多的是从法律、经济、文化、政治、工运等视角展开理论研究，缺乏对管理方法、评价体系的研究，理论研究严重滞后于实际需求，尤其是劳动关系管理实践方面的理论研究更为不足。本次学术年会，围绕如何构建具有中国特色的社会主义新型劳动关系的主题展开研究，具有现实实践意义。周旻说，新形势下如何共同构建“规范有序，公正合理，互利共赢，和谐稳定”的新型劳动关系，已经成为摆在人们面前不得不正视的重大课题。

福建省社科联副主席谢孝荣表示，近年来，厦门市通过以促进就业保稳定，建立全民社保促和谐，完善劳动纠纷调解排隐患，建立紧急干预机制防激化，加强三方协调机制促民主，充分发挥工会在新型劳动关系构建中的积极作用，切实维护职工合法权益，取得了很大成绩，保持了厦门市劳动关系的总体和谐稳定，这与厦门市大胆创新管理模式是分不开的。

厦门市总工会政策研究室主任蒋丽琴代表“关于构建和发展特区 和谐稳定劳动关系的研究”课题组参与论坛发言。她从和谐劳动关系是企业建立集体意识的能量场的角度，诠释了工人、工资、工会与新生代员工、体面劳动、工人集体行动（集体协商）等“三工”观点，富有新意，引起与会代表的共鸣。

与会代表还围绕工会在新型劳动关系中的地位与作用、企业和谐稳定劳动关系的理论假设与理论基础、新生代劳动力的心理特点、企业劳动关系风险预警防范机制、企业和谐劳动关系的路径选择、和谐劳动关系指标体系的建构以及海峡两岸劳动和社会保障法律标准比较等问题进行了探讨。此外，关于两岸劳动关系法规异同点的比较及发展趋势研究等，也引起了人们的关注。

（资料来源：http://www.chinanews.com/sh/2012/10-22/4265131.shtml。）

理论提示

劳动关系是现代社会最重要的社会经济关系之一，它关系着劳动者的利益和企业的利益，关系着整个国家的经济发展和社会稳定。劳动关系领域，既是阶级阶层关系产生的基础和土壤，也是社会政治、经济、文化等不同因素综合作用的领域。目前，劳动关系已经成为中国当前最突出的社会问题，劳动关系的研究也应该成为当代社会科学研究的中心问题之一。研究当代中国劳动关系问题，必须具有宽广的历史视野，需要将劳动关系问题置于社会转型的大背景下，综合运用哲学社会科学的多种方法进行跨学科的研究，分析不同因素对劳动关系产生的影响，从而形成对劳动关系问题的多维透视。

我们应该加强对我国劳动关系运行、变化及其特点的理论研究，重视对中国劳动关系调整模式的研究，关注经济全球化对劳动关系的影响，研究转型时期中国劳动关系的现实问题，不断提升劳动关系理论研究对劳动关系协调实践活动的指导作用。

拓展阅读

和谐劳动关系的构建涉及许多领域，请参阅以下文献，进一步了解相关知识。

谭泓．劳动关系：社会和谐发展的风向标．北京：人民出版社，2011.

参考文献

[1] 吴宏洛．转型期的和谐劳动关系．北京：社会科学文献出版

社，2007.

［2］刘金云，德衡律师集团事务所．和谐劳动关系原理与实务．北京：法律出版社，2010.

［3］章铮，杨冬梅．工会和谐劳动关系创建实务．北京：红旗出版社，2013.

［4］夏明月．劳动伦理研究——和谐劳动关系与和谐社会构建．北京：人民出版社，2012.

［5］秦中忠，闫晓燕．创建劳动关系和谐企业八件事．北京：中国工人出版社，2010.

思考题

1. 和谐劳动关系具有哪些基本特征？
2. 简述政府在构建和谐劳动关系中的作用。
3. 构建和谐劳动关系，企业应该遵循哪些基本原则？
4. 简述工会在构建和谐劳动关系中的作用。
5. 简述劳动者个人在构建和谐劳动关系中的作用。

附　　录

与劳动关系相关的法律、法规及规范性文件

1.《中华人民共和国劳动法》

2.《中华人民共和国劳动合同法》

3.《中华人民共和国劳动合同法实施条例》

4.《中华人民共和国劳动争议调解仲裁法》

5.《中华人民共和国工会法》

6.《关于建立健全劳动关系三方协调机制的指导意见》

7.《集体合同规定》

8.《关于进一步加强劳动争议处理工作的通知》

9.《社会保险行政争议处理部分》

10.《最高人民法院关于审理劳动争议案件适用法律若干问题的解释》

11.《最高人民法院关于审理劳动争议案件适用法律若干问题的解释（二）》

12.《最高人民法院关于审理劳动争议案件适用法律若干问题的解释（三）》

13.《最高人民法院关于审理劳动争议案件适用法律若干问题的解释（四）》